知識ゼロからの仏の教え

長田幸康
Yukiyasu Osada

悟り
利他
大乗仏教
出家
四門出遊
諸行無常
輪廻転生
五戒
浄土
解脱
中道
諸法無我
回向
八正道
十二縁起
涅槃
四諦
分別
五蘊
自灯明・法灯明

幻冬舎

知識ゼロからの仏の教え

はじめに

幸せになりたい。

私たちの望みはそれだけである。

しかし、「幸せだ」と思い続けられる人は、ほとんどいない。その理由を追い求めたのが、二千五百年前にインドに現れたゴータマ・シッダッタだ。

ブッダ、仏さま、釈迦牟尼《しゃかむに》、釈尊《しゃくそん》、お釈迦《しゃか》さま……どう呼んでもいいが、彼は「なぜ不幸せなんだろう」という悩みを深めていき、「どうすれば幸せになれるか」の答えを見つけた。それが「仏の教え」として今に伝えられている。

嬉しいのは、彼が神でも預言者でもなく、人間だということだ。私たちと同じように、人として生まれ、悩んで、人のままで答えを見つけた。

二千五百年も前の話が役に立つのかと思われる方も多いだろう。しかし、人の悩みは今も昔もたいして変わらない。当時もみんなが男女関係や金銭問題で悩んでいたし、商売人はお金儲けが好きで、政治家は庶民そっちのけだった。人間は最近になって急に非情で残酷に変化したわけではない。昔からそういう人はいたのである。

そして、もうひとつ嬉しいのは、実践を重んじた教えだということだ。本書も、今、ここで実践することを前提に書かれている。

まず第一章では、お釈迦さまの生涯に沿って、悩みから答えに到る道筋を追った。そして、第二章では、仏の教えをどう自分自身に活かしていけばいいのか、仏教の基本から明らかにする。続く第三章では、自分だけでなく、みんなで幸せになるという仏の教えの王道を「菩薩《ぼさつ》」というキーワードでとらえた。ここまでは「原始仏教」と呼ばれるお釈迦さまの時代の教えから、現在の日本で主流となっている「大乗仏教《だいじょうぶっきょう》」へという流れに沿っている。

第四章では、仏の教えを伝えた多くの言葉の中から、心の指針になるキーワードをピックアップ。第五章では、仏の教えを時代に合わせて実践した先人たちの生き方に、幸せへのヒントを見いだす。そして、第六章では、私たちがすでに馴染《なじ》んでいる仏教や精神世界とのつきあい方を考えてみた。

どことなくよそよそしく響きがちな「仏」という言葉が、少しでも身近なものになれば幸いである。

二〇〇七年　晩秋

長田幸康

もくじ

第一章　悩み、迷って、安らぎを得る

第二章 そのままでいい。自分にやさしく生きる

第三章　今日からできる「菩薩のつもり」の生き方

第四章　生き方のキーワードを見つけよう

第五章　「仏の教え」の達人を心の師匠にする

第六章 「しきたり」を味方につけて、人生を楽しむ

第一章

悩み、迷って、安らぎを得る

「仏の教え」は、シッダッタ青年の悩みから生まれた

仏の教えとは、今からおよそ二千五百年ほど前にインドに現れたゴータマ・シッダッタ、俗にいう「お釈迦さま」「ブッダ」が説いた教えである。これが発展したものが「仏教」だ。

お釈迦さまは私たちと同じように赤ん坊として生まれ、大人になり、結婚して子をもうけた。ちょっと違うのは、シャカ族という民族を治める王のひとり息子として生まれたことだ。

何不自由ない恵まれた暮らしの中で、青年時代のシッダッタ王子は悩み始めた。

——今は富も地位も、美貌も健康もある。しかし、老いや病気、そして死というものがあり、だれもそれを避けられないという。なぜ人はそんな辛い目に遭うのだろう？　それを乗り越えることはできないのか。

「年なんてとりたくない！」

「死んだらどうなってしまうんだろう？」

私たちが忘れたふりをしがちなこの問題を、お釈迦さまは一生かけて追い求めた。そして、神のお告げがあったわけでもなく、あくまで生身の人間として悩み、迷いながら、そのヒントを見つけ、心の安らぎを得た。

モノだけはあふれる私たちが生きる時代は、お釈迦さまの王子時代の境遇に近いと言える。その心の軌跡を追うことは、きっと私たちの心の安らぎにつながるはずだ。

仏典に伝えられるお釈迦さまの生涯

下天《げてん》
弥勒菩薩《みろくぼさつ》の住む兜率天《とそつてん》から
私たちの住むこの世界へ降りる

入胎《にゅうたい》
シャカ族の王妃マーヤー夫人の
胎内に入る。夫人は白い象が
右脇から入る夢を見た

誕生《たんじょう》
ルンビニー園（今のネパール南西部）で
シャカ族の王子として生まれる。
母とは7日後に死別

出家《しゅっけ》
人は生まれ、老い、患い、死ぬ。すべては
思うままにはならないことを知る。
29歳で、**妻子を捨てて宮殿を去り**、
修行の道へ

降魔《ごうま》
高名な修行者を訪ね、苦行にも勤しんだが、
深い瞑想《めいそう》によって真理を悟る道を選ぶ。
煩悩《ぼんのう》が悪魔となって心を揺さぶる

成道《じょうどう》
魔物を退散させ、真理を悟る。
「ブッダ」（目覚めたもの）となる

説法《せっぽう》
梵天《ぼんてん》（ブラフマー）の勧めで、
悟った真理を人々に広く説くことを決意

入滅《にゅうめつ》
旅をしながら弟子たちに教えを広めた後、
病に倒れ、インド・クシナーラーで亡くなる

お釈迦さまの悩み

人の一生は思い通りにならないことだらけ。
この辛さを乗り越える道はないのだろうか？

広い視野で見渡したら、新しい生き方が見えてきた

一民族の命運を担う王子として生まれたお釈迦さま――というよりシッダッタ王子は、ほとんど宮殿の敷地から出ることなく、きわめて過保護な環境で育ったとされている。季節ごとに適した三つの宮殿に住み、上等の衣服をまとい、美女に囲まれていた。かなりの脚色付きではあろうが、仏典にそう書かれている。

成長するにつれ、もの思いにふけりがちになった王子に、父は気晴らしの外出を勧めた。これが運命の分かれ道となった。

王子は宮殿の外で、醜く年老いた老人、力なくやせ衰えた病人、死者を送る葬列に出会う。それまで汚いもの、醜いものなど一切目にすることなく育った王子は大きなショックを受けた。

仏典を要約すると、王子は次のように自らを省みたという。

「人はだれもが年老いて、病に倒れ、亡くなることを免れない。なのに、他人が老人や病人や死者になると、それを見て悩み、恥じ、嫌悪する。私も同じく老い、病にかかり、死んでいくのを免れないのに、他人の様を見て、そんなのは自分にふさわしくないと悩み、恥じ、嫌悪する。そう考えると、青年としての気概も、健康な者としての気概も、生きている者としての気概も消え失せてしまった」

シッダッタ王子は、だれもがもっている、若い

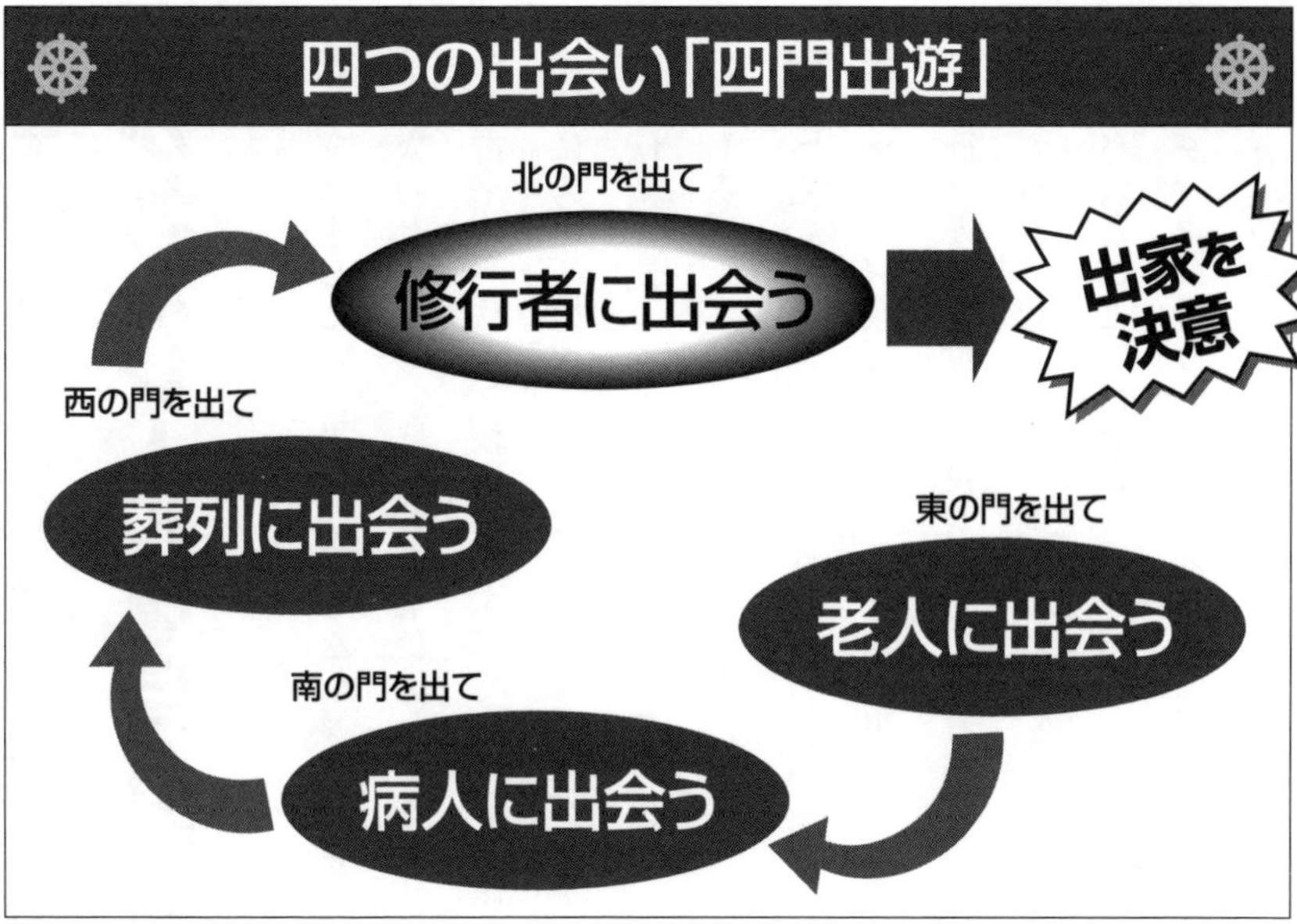
四つの出会い「四門出遊」
北の門を出て
修行者に出会う
出家を決意
西の門を出て
葬列に出会う
東の門を出て
老人に出会う
南の門を出て
病人に出会う

というおごり、健康であるというおごり、生きているというおごりに気づいた。まだ若いから、まだ健康だから、まだまだ生きているからと、その価値に気づかず、その場の快楽だけを追求して人生を浪費してしまうのだ。

老いと病と死による支配を超えたところにある安らぎを求めたいと思い始めたシッダッタ王子は、やはり宮殿の外で修行者という存在を知る。これが真理への道だと確信した。

こうした王子の逡巡《しゅんじゅん》を仏典は「四門出遊《しもんしゅつゆう》」として詩的に記している。

東の門を出て老人に出会い、南の門を出て病人に出会い、西の門を出て葬列に出会い、最後に北の門を出て神々しい修行者と出会う。

そして、シッダッタ王子は修行者になろうと決意する。宮殿の外の広い世界で、まったく新しい人生の選択肢を手に入れたのである。

人生のリセットボタンを押して、敷かれたレールを自ら踏み外してみる

真理を追求したい。思いが高じたシッダッタ王子は29歳のとき、ついに宮殿を飛び出してしまう。インド古来のバラモン教には、すべてを捨てて修行の道に入る「出家《しゅっけ》」の伝統がある。シッダッタもその伝統に従って、地位も家族も捨てて出家したのである。

「出家」というとカッコいいが、傍目《はため》には「家出」と紙一重だ。宮殿では息子ラーフラが生まれたばかり。両親が涙を流して反対したとされているのも当然である。昔も今も、世間一般の常識から考えて許されることではない。

シッダッタはそうした「世間」の常識よりも、確かな真理を求める道を選んだのである。

とはいえ、お釈迦さまは完全に家族を捨ててしまったわけではない。悟りを開いた後、故郷を訪れて家族に再会し、一族の多くを信者とした。また、「開祖の子」として思い上がりの心が見られた息子ラーフラに対し、「傲慢を捨てよ」などと説いたお釈迦さまの言葉が仏典に残されている。親子の情は、やはりあったようだ。

家出——いや出家という行為そのものは自己中心的と非難されても仕方がないが、このとき彼がすべてを捨てる決断をしなければ、その後の真理への道もなかっただろう。あまりに強大な運命に押し流されそうな非常時には、思いきった「リセット」が結果的に功を奏すこともあるのだ。

「出家」という人生のリセットボタン

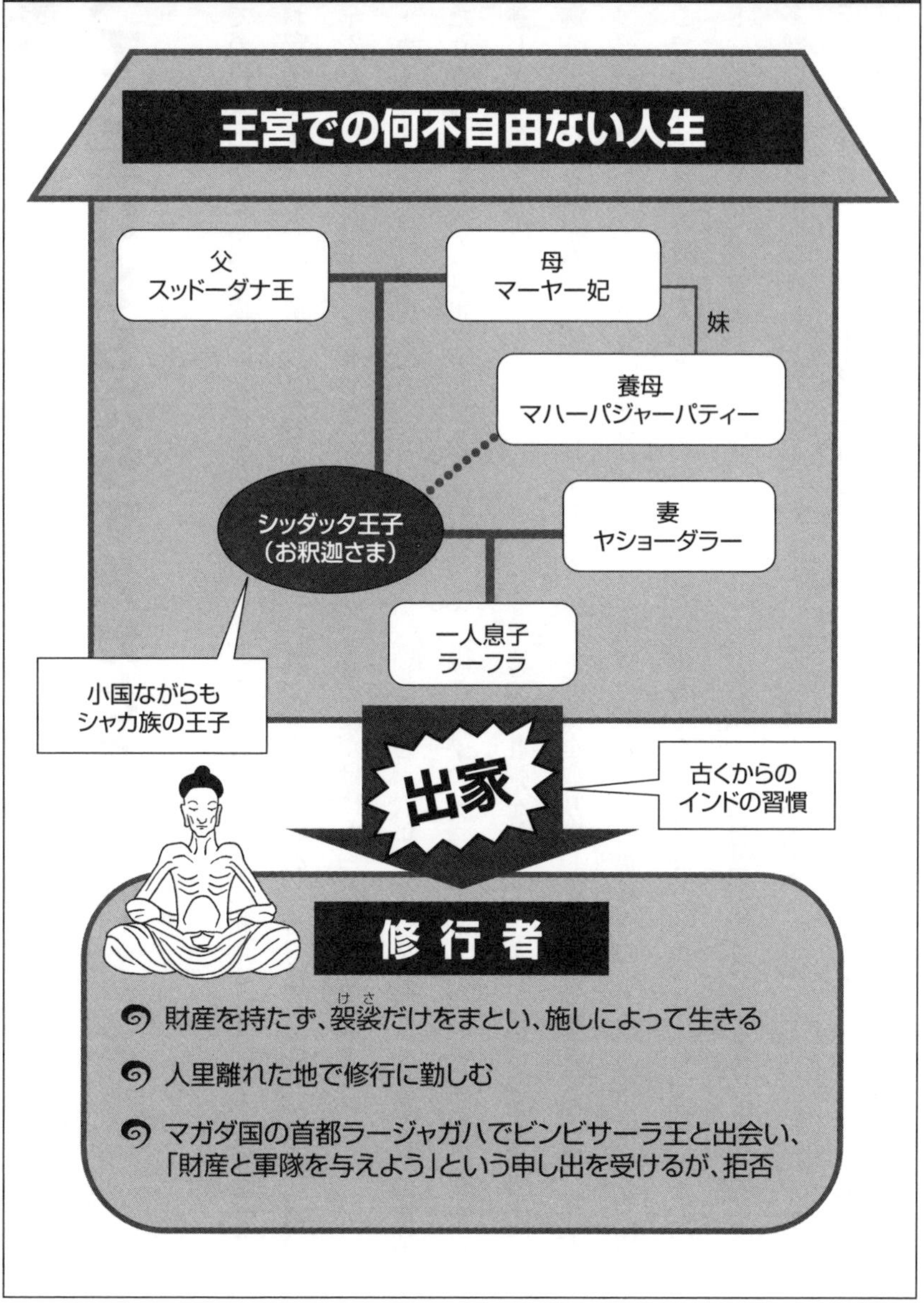
王宮での何不自由ない人生
父
スッドーダナ王
母
マーヤー妃
妹
養母
マハーパジャーパティー
シッダッタ王子
（お釈迦さま）
妻
ヤショーダラー
一人息子
ラーフラ
小国ながらも
シャカ族の王子
出家
古くからの
インドの習慣
修行者
財産を持たず、袈裟《けさ》だけをまとい、施しによって生きる
人里離れた地で修行に勤しむ
マガダ国の首都ラージャガハでビンビサーラ王と出会い、
「財産と軍隊を与えよう」という申し出を受けるが、拒否

経験に「無駄」なんてない。すべては実りをもたらす養分となる

王宮での快楽三昧の人生を捨てて修行者の道を選んだお釈迦さまは、名高い聖者のもとを訪ねて教えを学んだと伝えられている。有名なのが、アーラーラ・カーラーマとウッダカ・ラーマプッタというふたりの師。いずれも瞑想《めいそう》によって最高の境地に到達したと言われていた。

お釈迦さまはふたりの教えを難なくクリアしたものの、求めていた安らぎの境地は得られなかった。そこで今度は苦行の道に入っていく。

インドには今でも「サドゥー」と呼ばれるヨガ行者が多数いて、放浪しながら「右手を上げたまま」「逆立ちし続ける」「土に埋まる」といった激しい修行を続けている。

こうした苦行をお釈迦さまも行なったのだろう。ガンダーラ美術の「苦行像」と呼ばれる仏像は、骨と皮だけになった姿を伝えている。

しかし、六年間苦行を続けても安らぎの境地は得られず、スジャーターという名の村娘からもらった乳粥《ちちがゆ》を飲んで、苦行を捨ててしまった。

元気を取り戻したお釈迦さまはその後、現在のブッダガヤーの菩提樹《ぼだいじゅ》のもとで瞑想に入り、悟りを開くことができた。

お釈迦さまは苦行を否定するが、苦行をとことん続けたからこそ、それがわかった。後で無駄だとわかった経験も決して無駄ではなく、大きな実りをもたらす栄養分として活きているはずだ。

「悟り」までの長い道のり

王宮での快楽三昧の29年

↓

すべてを捨てて修行者に

↓

聖者を訪ねて学ぶ

当時最高の境地を得たとされた聖者アーラーラ・カーラーマ師、ウッダカ・ラーマプッタ師に師事

↓ 教えはマスターしたが満たされない

苦行

6年間にわたって5人の修行者とともに人里離れた地にこもり、肉体を痛めつける苦行を続ける

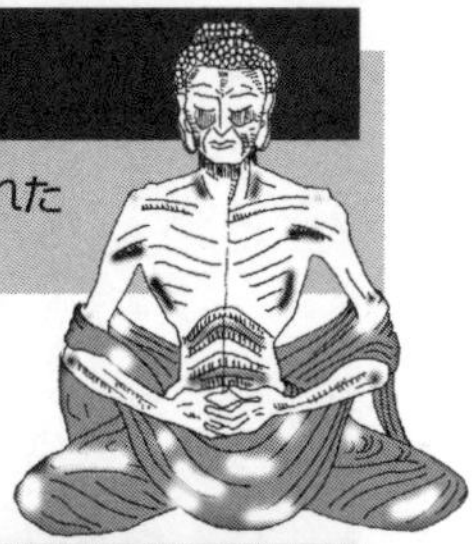

↓ 消耗するばかりで真理には到れない

苦行を捨てる

村の娘スジャーターが捧げた乳粥を飲み、体力・気力を取り戻す

↓

瞑想により悟りを開く

ブッダガヤーの菩提樹のもとで真理に到達

普通に生きるだけで偏ってしまう！「中道」はどこにある？

王宮で快楽の限りを尽くし、出家後は苦行を究めたお釈迦さまは、どちらの道へ行っても真理は得られないと結論した。仏典の中で、ソーナという弟子に次のように問うている。

「琴の弦が張りすぎていたら、心地よい音色を発するだろうか？　琴の弦が緩すぎたなら、心地よい音色を発するだろうか？」（原始仏典『大品《だいぼん》』より。中村元『原始仏教の生活倫理』の訳を参考にした）

ぜいたく三昧の生活に浸っている間は楽しいだろうが、いずれは老い、病、死がやってくる。一方、苦行をいくら続けても、安らぎを得ることはできない。快楽と苦行を弦の張り方にたとえ、どちらでもダメだと、体験にもとづいて戒めたのだ。

「あまりに緊張して努力しすぎると心が昂《たかぶ》り、努力しないでだらけていると怠惰になる。釣り合いのとれた努力をせよ」（同）

この極端に偏らない釣り合いのとれた道、ものの見方を「中道《ちゅうどう》」と呼ぶ。お釈迦さまがもっとも初期に説いた根本的な教えのひとつだ。中道の実践が「八正道《はっしょうどう》」（四四頁）である。

「中道」という文字面には「どっちつかず」「やるでもなく、やらないでもない」といったネガティブなイメージもつきまとうが、位置としての「真ん中の道」ではなく、極端な考え方にとらわれない「適切な道」という意味だ。

極端に偏らない「中道」
快楽も苦行も
真理への道ではない
お釈迦さまが初期に説いた
根本的な教えのひとつ
快楽の
追求
苦行の
追求
中道
?
?
安らぎの境地(真理)

「極端な考え方にとらわれた覚えなんてない」という人が多いだろう。しかし、便利さや美しさやおいしさを追い求め、そのためにお金を欲しがり、望みが満たされないからと悩み苦しんでいる今の私たちの生き方自体、すでに十分快楽にとらわれているのではないだろうか。

誘惑に押し流され、普通に生きているだけで自然に快楽側に偏ってしまうのが今の世の中。まずは「あ、また広告に欲望を駆り立てられそう!」と、その仕組みを意識するだけでも、世界が違って見えてくるはずだ。

だからといって急に禁欲生活に走ったりするのも極端というもの。自分の言動を客観的に見て、快楽についついおぼれてしまうことの心地よさと空しさを自覚しながら、折に触れて少しずつ軌道修正するのが、私たちが暮らしの中で実践できる「中道」だろう。

そもそも「悟った」ってどういうこと？
安らぎの境地「涅槃」が最終目的地！

快楽と苦行を究め、ともに排した後、お釈迦さまは瞑想によって真理を悟った。

何を悟ったのかについては、実は仏典によってさまざまに表現されている。仏典はお釈迦さまが亡くなった後、弟子たちがまとめたものであり、二千五百年以上にわたって加筆・演出が繰り返されてきたため、オリジナルの「真理」がどんなものだったのか、はっきりしないのである。

しかし、少なくとも人生のリセットの原因となった老い・病・死そして人生について、明確な答えを見つけたことは間違いない。

初期の説法では、快楽と苦行の果てに見いだした「中道」や、「すべてのものごとは互いにつながり合っている」という「縁起《えんぎ》」（↓四六頁）の法則、人の苦しみの原因とそれを乗り越えるための四つの真理「四諦《したい》」（↓四四頁）などを説いたとされている。

生きているだけで、老いや病や死への不安は常につきまとう。欲に駆り立てられて、いつも不満を抱いている。こうした諸々の苦しみが生じて私たちを迷わせる原因を知り、その原因をなくす方法を見いだすのが「悟り」である。

では、悟るとどうなるのだろう？

「悟る」は、「解脱《げだつ》する」「涅槃《ねはん》に入る」「彼岸《ひがん》に到る」とも表現される。苦しみから解き放たれて、安らぎの世界である「涅槃」や「彼岸」（あちら岸）

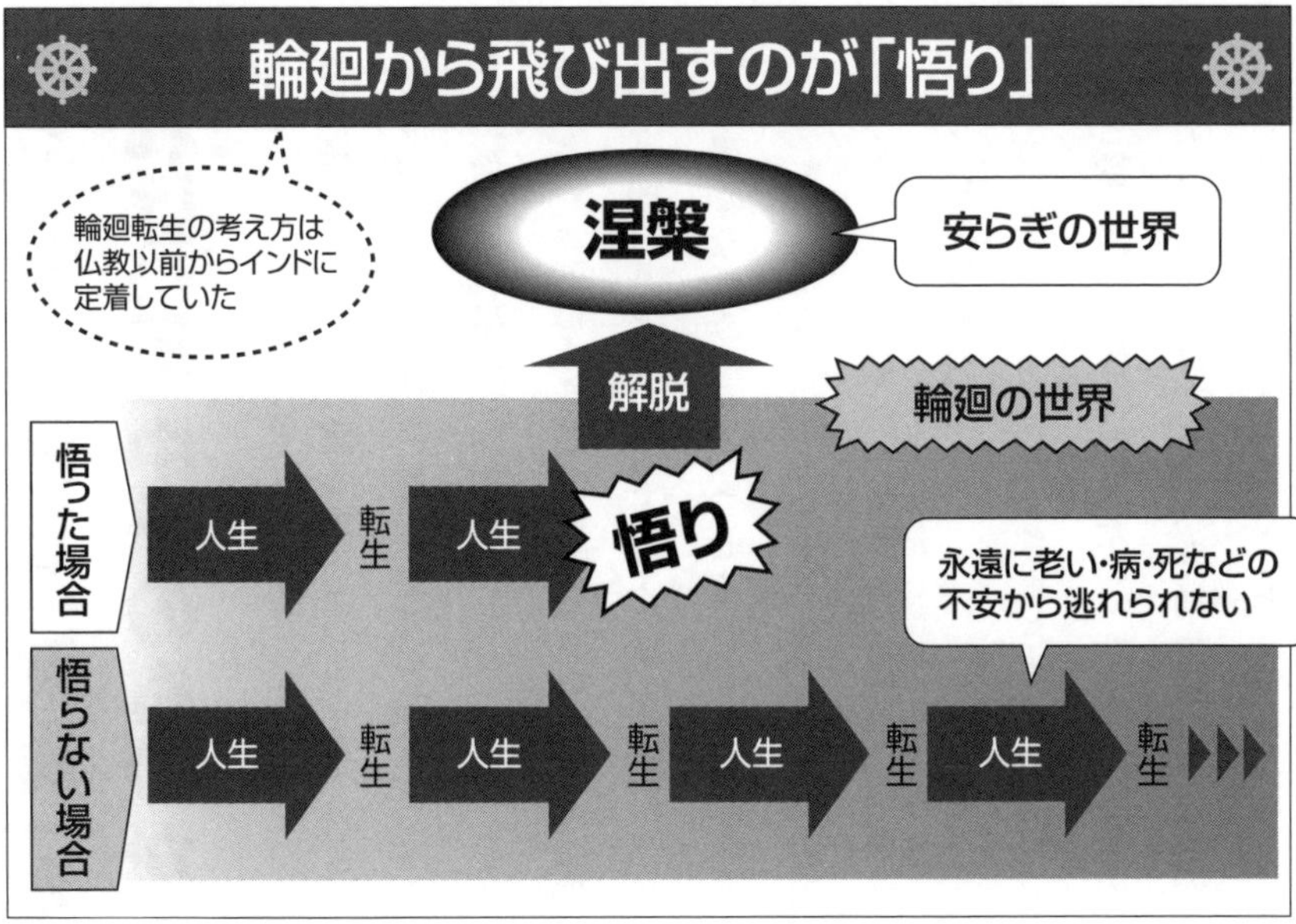
輪廻から飛び出すのが「悟り」
輪廻転生の考え方は仏教以前からインドに定着していた
涅槃
安らぎの世界
解脱
輪廻の世界
悟った場合
人生
転生
人生
悟り
永遠に老い・病・死などの不安から逃れられない
悟らない場合
人生
転生
人生
転生
人生
転生
人生
転生

に行けるのだ。

それはどこにあるのか？　どうやら私たちの世界とは別のところらしい。

お釈迦さま以前の時代から、インドには輪廻《りんね》転《てん》生《しょう》の考え方が定着している。人は何度でも生まれ変わりを繰り返す。

生まれることが苦しみの始まりだとしたら、生まれてこないのが望ましい。「悟り」によって、永遠に続く輪廻の繰り返しから抜け出して、苦しみとは無縁の境地に到ることができる。つまり、安らぎの地「涅槃」は輪廻の輪の外にある。

もう生まれ変わりを繰り返さず、涅槃の世界で永遠の安らぎを得る……なんだか現実離れした話に思えるが、これはあくまで長期的なビジョンだ。悟りは突然やってくるものではない。日々の暮らしの中で仏の教えをこつこつと実行していけば、安らぎは徐々に心に満ちていくのである。

安らぎを妨げる「悪魔」たち。それは世の中そのものかもしれない

お釈迦さまが悟りに到る前のエピソードとして「降魔成道《ごうまじょうどう》」が知られている。悪魔を降伏させて、悟りを完成させたという意味だ。

悪魔というのは人をさまざまな甘い言葉で誘惑して、真理に気づかないよう目くらましをし、私たちに愚かな営みを続けさせる存在。原始仏典『スッタニパータ』は、お釈迦さまが悟りへの道を語るくだりで、「悪魔の軍隊」との戦いの様子を詳しく伝えている。

悪魔の正体は人間のもつさまざまな煩悩《ぼんのう》だ。「もっと欲しい」「偉くなりたい」「おいしいものが食べたい」――次から次へと湧き起こる煩悩がある限り、心の安らぎを得ることはできない。

お釈迦さまが煩悩にとらわれることのない、安らぎの境地に達し、右手の指先を地面に触れた瞬間、悪魔が消え失せたとされている。

お釈迦さまは瞑想の中で悪魔と戦ったが、思えば私たちにとっては、この世界そのものが悪魔そのもののようだ。「もっと欲しがれ」「頑張って偉くなろう」「おいしいものは、こんなにある！」――社会や経済の仕組みは煩悩を煽《あお》ることで成り立っている。「悪魔との戦い」は決して空想上のものではなく、私たちの日常なのだと思う。

世間に馴染めないことを引け目に感じる必要はまったくない。間違っているのは、あなたではなく、世の中のほうなのだから！

悟りを妨げる「悪魔」たち

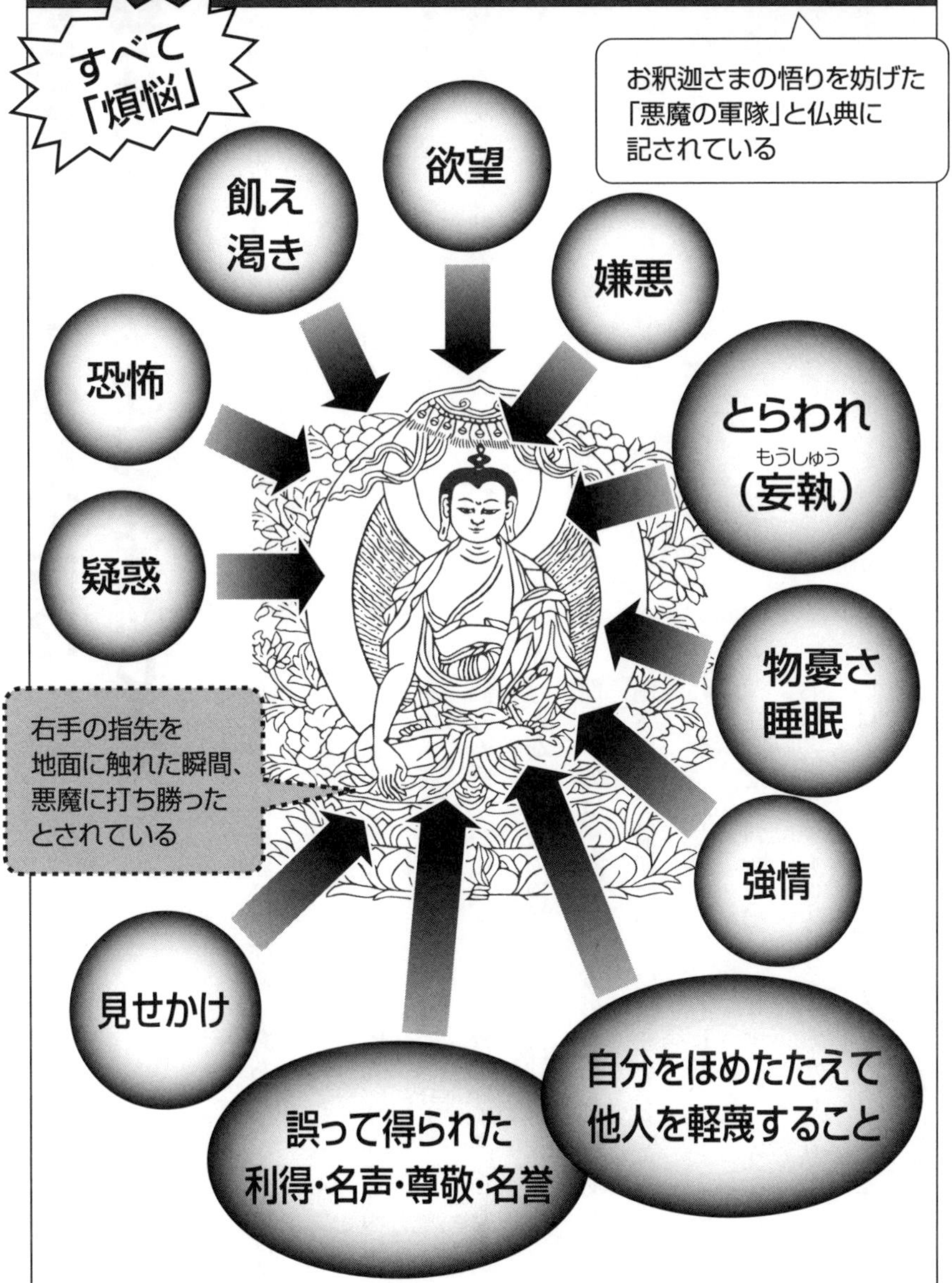
すべて「煩悩」
お釈迦さまの悟りを妨げた「悪魔の軍隊」と仏典に記されている
欲望
飢え渇き
嫌悪
恐怖
とらわれ（妄執《もうしゅう》）
疑惑
物憂さ睡眠
右手の指先を地面に触れた瞬間、悪魔に打ち勝ったとされている
強情
見せかけ
自分をほめたたえて他人を軽蔑すること
誤って得られた利得・名声・尊敬・名誉

お釈迦さまだって優柔不断!? 柔軟な心で悩み、迷って決断しよう

悟りを開いたお釈迦さまは、しばらくひとりでその境地を楽しんでいた。

お釈迦さまの悟りに真っ先に目を付けたのは、古代インドの創造神ブラフマー（梵天《ぼんてん》）。さっそく広く教えを説くよう勧めた。

しかし、お釈迦さまはオファーを拒む。

「困苦して私が悟ったものを、今説き明かすべきではない。貪《むさぼ》りと怒りに従う者たちには理解しがたい」（訳文は早島鏡正『ゴータマ・ブッダ』を参考にした。以下同）

庶民に説いたところで、この深遠な教えはとうてい理解できないと、お釈迦さまは思っていた。

すると梵天は大いに嘆く。

「ああ、実に世界は滅びる。ああ、実に世界は消滅する」

梵天は再びさまざまな美辞麗句で説法を請い、お釈迦さまをようやくその気にさせた。

個人の悟りが仏教という宗教として広まるきっかけとなったこの逸話を「梵天勧請《ぼんてんかんじょう》」と呼ぶ。

面白いのは、深い慈《いつく》しみの心をもつであろうお釈迦さまも、最初は他人に悟りをもたらそうとは思わなかったということ。そして、たとえ悟っても、迷ったり判断を翻したりするということだ。

お釈迦さまでも迷うのであるから、私たちが迷うのは当たり前。初志貫徹などとカタいことは言わず、柔軟な心で悩み、迷って決断しよう。

教えを広めようか、どうしようか……

お釈迦さま、悟りを開く

↓

悟りの境地をしばらくひとりで楽しむ

↓

梵天が現れ、教えを広く説くよう請う

↓

「私が悟ったものを、今説き明かすべきではない。貪りと怒りに従う者たちには**理解しがたい**」

お釈迦さまは **拒否!**

↓

▶梵天

梵天、嘆く

「ああ、実に**世界は滅びる**。ああ、実に世界は消滅する。……正しく悟った人が心の熱意を欠き、説法への意欲を失ったからである」

↓

梵天、再び請う

↓

「耳ある人びとに、**不死の門が開かれた**。人びとは信心をおこせ」

お釈迦さま **承諾!**

↓

教えを広めることを決意

聞く耳をもつことが大切。新しい価値を受け入れる広い心が安らぎへの道

教えを説こうと決意したお釈迦さま。さて、だれに教えを説こうか？

まず思いついたのは、かつて出家した直後に師事したアーラーラ・カーラーマ師とウッダカ・ラーマプッタ師だ。しかし、ふたりとも亡くなったばかりであった。

次に思いついた候補は、苦行をともにした五人の仲間たちである。お釈迦さまは、彼らがいるというバーラーナシーの鹿野苑《ろくやおん》に向かった。

途中、ウパカという男に出会う。彼は当時人気のあったアージーヴィカ教という宗教の信者であり、運命がすべてを決めているという宿命論にとらわれていた。

お釈迦さまは「私はすべてに打ち勝った者、すべてを知る者である」などと名乗るが、ウパカは「友よ、そうかもしれない」とあっさりかわして去ってしまった。布教失敗の第一号だ。

五人の修行者はお釈迦さまのことを「修行を捨てて堕落した」とみなしていた。近づいてくるお釈迦さまを目にしても、もてなすべきでないと約束していた。しかし、お釈迦さまの神々しい姿を前にすると、だれもが丁重に出迎えて、思わず足を洗う水まで用意してしまったという。

五人は初めは疑念を抱いたものの、話をするうちに、進んで教えを聞こうという心構えができていった。お釈迦さまは五人を前に教えを説き、こ

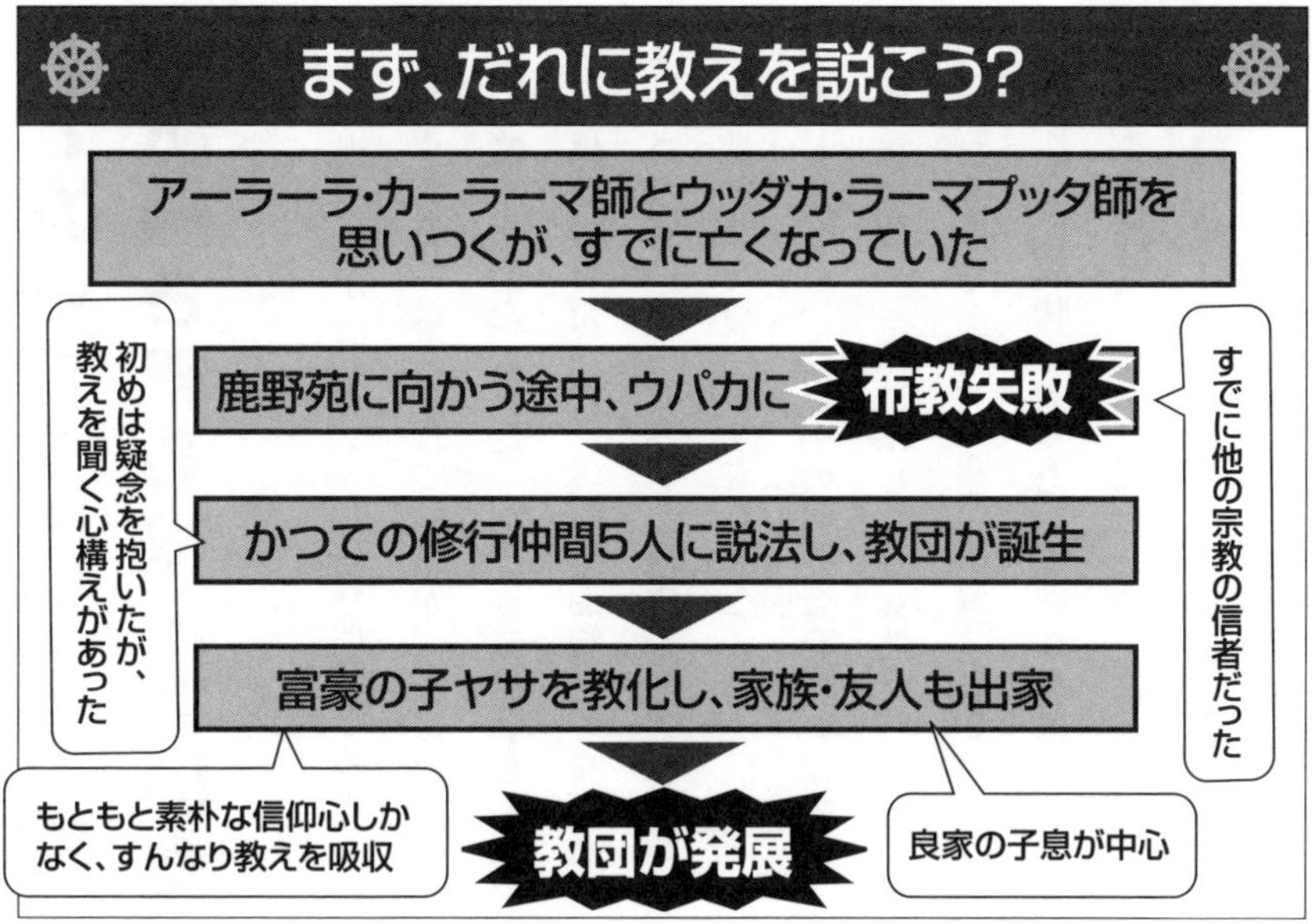
まず、だれに教えを説こう?
アーラーラ・カーラーマ師とウッダカ・ラーマプッタ師を思いつくが、すでに亡くなっていた
鹿野苑に向かう途中、ウパカに
布教失敗
すでに他の宗教の信者だった
初めは疑念を抱いたが、教えを聞く心構えがあった
かつての修行仲間5人に説法し、教団が誕生
富豪の子ヤサを教化し、家族・友人も出家
もともと素朴な信仰心しかなく、すんなり教えを吸収
教団が発展
良家の子息が中心

こに六人の教団（サンガ）が誕生した。

ヤサという富豪の息子にも出会った。彼は「よいことをすれば天界に生まれ変われる」といった程度の素朴《そぼく》な信仰心しかもっていなかった。

お釈迦さまが順を踏んで丁寧に教えを説くと、ヤサはすぐに真理に到達することができた。その様子を仏典は「汚れのない清らかな布が、むらなく染め上がるように」と表現している。

すでに信仰で凝り固まった心をもつウパカよりも、何ももたない無垢《むく》な心のヤサにこそ、仏の教えはすんなり染み渡った。私たちの世の中に置き換えれば、「お金」やら「会社」やら「日本」といった「信仰」にどっぷり浸かっていると、それ以外の価値観が見えてこないということだ。

もちろん、本書を手にしているということは、すでに仏の教えを受け入れる心の地ならしができているということなので、ご安心いただきたい。

男と女はやっぱり違う⁉ お釈迦さまも悩んでいた

お釈迦さまが出家したのは真理を求めるため——そう仏典には書かれているが、実は政治的な要素も絡んでいたようだ。実際、シャカ族は弱小民族であり、風前の灯だった。お釈迦さま存命中に滅ぼされている。こうした現実から逃れて新しい道を歩みたかったのかもしれない。

出家しようという思いの引き金を引いたのは、ふと目覚めたときに目にした、女性たちの醜い寝姿だったそうである。「四門出遊」をきっかけに俗世の快楽に興味を失ったお釈迦さまは、このとき「今こそ出家しなければ」と意を決した。

お釈迦さまはこのあたりから女性を寄せ付けないようになったらしい。

初期の教団（サンガ）は男のみの集団だったが、お釈迦さまの名声が高まるにつれて、出家を望む女性が増えてきた。その代表が、お釈迦さまの養母マハーパジャーパティーである。

彼女はシャカ族の女性たちとともに出家しようと、お釈迦さまに三度願い出たが拒否された。弟子アーナンダの説得により、お釈迦さまはようやく女性の出家を認めたものの、男性よりも多くの戒律を課すことにした。誘惑に弱い男どもの修行を台無しにしないよう、女性に慎重な言動を求めたのである。

お釈迦さまが実際に口にしたとは思えないが、後に成立した経典には、女性をひどく罵《ののし》る文言《もんごん》も

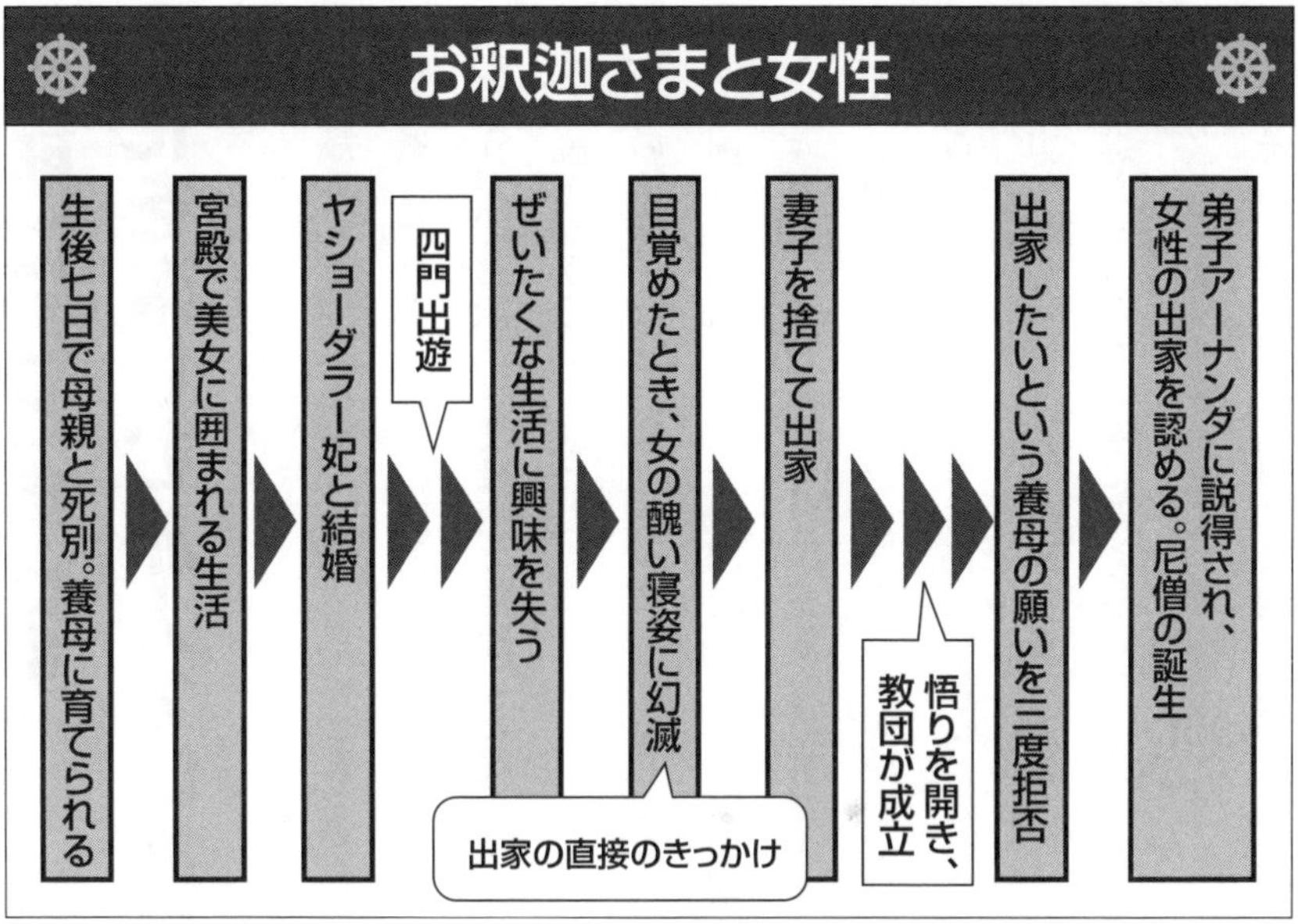
お釈迦さまと女性
生後七日で母親と死別。養母に育てられる
宮殿で美女に囲まれる生活
ヤショーダラー妃と結婚
四門出遊
ぜいたくな生活に興味を失う
目覚めたとき、女の醜い寝姿に幻滅
出家の直接のきっかけ
妻子を捨てて出家
悟りを開き、教団が成立
出家したいという養母の願いを三度拒否
弟子アーナンダに説得され、女性の出家を認める。尼僧の誕生

登場する。たとえば――、

「女には九つの悪い行ないがある。臭く不浄《ふじょう》である。悪口をたたく。浮気である。嫉妬深い。欲深い。遊び好き。怒りっぽい。おしゃべり。そして、軽口である」（『増一阿含経』馬王品より）

「女の体の中には百匹の虫がいる。常に苦しみと悩みの元になる。（中略）女の体は不浄の器である。悪臭が充満している。涸れた井戸、空き家、廃村のようなもので愛着すべきものではない。だから女の身体は厭《いと》い棄《す》て去るべきである」（『転女身経』より。訳文は田上太秀著『仏教と性差別　インド原典が語る』を参考にした）

悟りに到ったお釈迦さまも、弟子たちの男女間の問題にはいろいろと煩《わずら》わされたようだ。教団のルールとして定められた戒律の中に、男女の接触についての項目が数多く盛り込まれているところに、その苦労がしのばれる。

一カ所にとどまらず、変化を楽しむ旅人でい続ける

三十歳近くなって出家するまで、ほとんど宮殿でしか過ごしたことのない反動というわけではないだろうが、お釈迦さまは悟りを開いた後、生涯教えを説きながら旅を続けた。

伝道の旅の主な舞台はガンジス川をはさんだ二つの大国マガダ国とコーサラ国だ。マガダ国の都ラージャガハ（王舎城《おうしゃじょう》）では国王から竹林精舎《ちくりんしょうじゃ》を、コーサラ国の都サーヴァッティー（舎衛城《しゃえいじょう》）では富豪から祇園精舎《ぎおんしょうじゃ》を寄進された。精舎とは寺の原型であり、修行者が集団生活を営む場である。

お釈迦さまはどちらかに落ち着いてしまうわけではなく、二都市を拠点として周辺を旅した。

そもそも出家とは、俗世の住処《すみか》や財産、地位を捨てることである。決まった場所で暮らすと、家や土地に対する愛着が生まれ、人間関係が固定化し、財を蓄えるようになりかねない。

一方、始終旅するというライフスタイルでは、常に新しい出会いがあり、状況が変化する。何ごとも移り変わっていくのだという「無常」（五一頁）の教えを感じるにはうってつけである。

一カ所にとどまることで得られるものは大きいだろうが、その分「しがらみ」が増える。見知らぬ土地へ旅すると、思わぬ出来事への対処を迫られる。そうした状況の変化を楽しむことは、ここぞというチャンスでの引っ越しや転職を軽やかにこなせる、心の予行演習になるはずだ。

旅するお釈迦さま
ルンビニー
生誕の地
カピラヴァストゥ
シャカ族の都
王子としての日々
ブッダガヤー
悟りを開いた地
伝道の旅
サールナート
鹿野苑で初めて教えを説き、伝道をスタート
ガヤーシーサー
象頭山で教えを説く
文化・経済の中心地
マガダ国の都
ラージャガハ（王舎城）
ビンビサーラ王が帰依し、竹林精舎を寄進。
二大弟子サーリプッタとモッガラーナが帰依
カピラヴァストゥ
帰郷し、王族などを帰依させる
サーヴァッティー（舎衛城）
スダッタ長者が祇園精舎を寄進
二大拠点とし何度も往復
コーサラ国の都
ラージャガハからカピラヴァストゥを経由し、サーヴァッティーを目指す
ラージャガハ
パータリプトラ
「後にインドの都となる」と予言
ヴェーサーリー
雨季を過ごすうちに、病が悪化
最後の旅
クシナーラー
故郷カピラヴァストゥに到らないまま臨終

「この世界は美しい」。お釈迦さまも最期は「人間」だった

ラージャガハからサーヴァッティーへ、お釈迦さまはごく少数の弟子とともに最後の旅をする。途中、すでに滅ぼされていたシャカ族の都カピラヴァストゥに寄ることになっていた。しかし、八十歳という高齢に加え、かねてから抱えていた病が徐々に悪化する。

ヴェーサーリーという町を立ち去るとき、お釈迦さまは弟子のアーナンダにこう語ったという。

「アーナンダよ、ヴェーサーリーは楽しい。ウデーナ霊樹は楽しい。ゴータマカ霊樹は楽しい。サッタンバカ霊樹は楽しい。（中略）チャーパーラ霊樹は楽しい」（中村元訳『ブッダ最後の旅』より）

霊樹というのは枝を広げた巨大な樹木である。お釈迦さまが菩提樹の下で悟りを開いたように、灼熱のインドにおいて樹木は、木陰を作ってくれる安らぎの場であり、心静かに瞑想するための特別な存在なのだ。木一本一本に名前がついているところに、その大切さがうかがえる。

それにしても、お釈迦さまの生涯を派手に脚色して綴ってきた仏伝とは思えない、人間らしい素朴な言葉だ。こうも言っている。

「ああ、この世界は美しいものだし、人間の命は甘美なものだ」（中村元『ブッダ入門』より）

苦しみに満ちたこの世界から抜け出そうと説いた者とは思えない、この世を賛美する言葉である。「仏の教え」とは矛盾《むじゅん》しているとも言えるが、後

お釈迦さまの最期

「アーナンダよ、ヴェーサーリーは楽しい。ウデーナ霊樹は楽しい。ゴータマカ霊樹は楽しい。サッタンバカ霊樹は楽しい。……チャーパーラ霊樹は楽しい」

「ああ、この世界は美しいものだし、人間の命は甘美なものだ」（ヴェーサーリーにて）

故郷カピラヴァストゥを目指す旅の最中

▼

鍛冶屋のチュンダが供養したキノコ料理で下痢

▼

「アーナンダよ、わたしは疲れた。わたしは座りたい」

「アーナンダよ、わたしは（水が）飲みたいのだ」（クシナーラーへの道中にて）

▼

「アーナンダよ、わたしは疲れた。横になりたい」（クシナーラーにて）

▼

遺言「もろもろの事象は過ぎ去るものである。怠ることなく修行を完成なさい」（クシナーラーにて、享年80歳）

に仏伝を編集した者たちも、ひとりの人間としてのお釈迦さまの姿に親しみを感じて、あえてこの部分を残したのだろう。

その後、チュンダという鍛冶屋《かじや》が贈ったキノコ料理（豚肉料理という説もある）を食べて腹をこわし、さらに衰弱する。しかし、この料理を「特別に功徳《くどく》がある」と言い、チュンダを責めることはなかった。

一行はさらに旅を続けたが、クシナーラーに近づくと、お釈迦さまはたびたび弱音を吐く。

「疲れた」

「（水が）飲みたい」

「横になりたい」

そして北向きにしつらえられた寝床に横たわり、「諸行無常《しょぎょうむじょう》」（五〇頁）の教えを遺言として、八十歳で息を引き取った。

こんな世の中だからこそ「仏の教え」が活きてくる！

インドには「カースト」という身分制度がある。大きく分けてバラモン（司祭）、クシャトリヤ（王侯・武士）、バイシャ（平民）、シュードラ（隷属《れいぞく》民）という四つの身分があるが、さらに細かく二千以上に分けられ、それぞれ従事できる職業が定められている。カーストは世襲《せしゅう》され、移動することはできず、結婚も同じカースト内で行なわれるため、「生まれ」が人生を大きく左右する。現在は法的に禁止されているが、実際は根強く残っている。

古代インドのバラモン教に端《たん》を発するカーストは、お釈迦さまの時代にはすでにあった。お釈迦さま本人はクシャトリヤの家系である。

しかし、仏の教えでは「生まれ」は問われない。大切なのは「行ない」である。

「生まれを問うことなかれ。行ないを問え。火は実にあらゆる薪《まき》から生ずる」（『スッタニパータ』より）

あるとき、お釈迦さま一行がマンゴー園で休んでいると、園の持ち主であるアンバパーリという遊女がやってきて、一行を食事に招いた。

その後、地元の貴族がお釈迦さまを訪ね、やはり自宅に招待しようと申し出た。身分にこだわらないお釈迦さまは、遊女との先約を理由に貴族の申し出を断った。

また、前項の鍛冶屋のチュンダから供養を受け

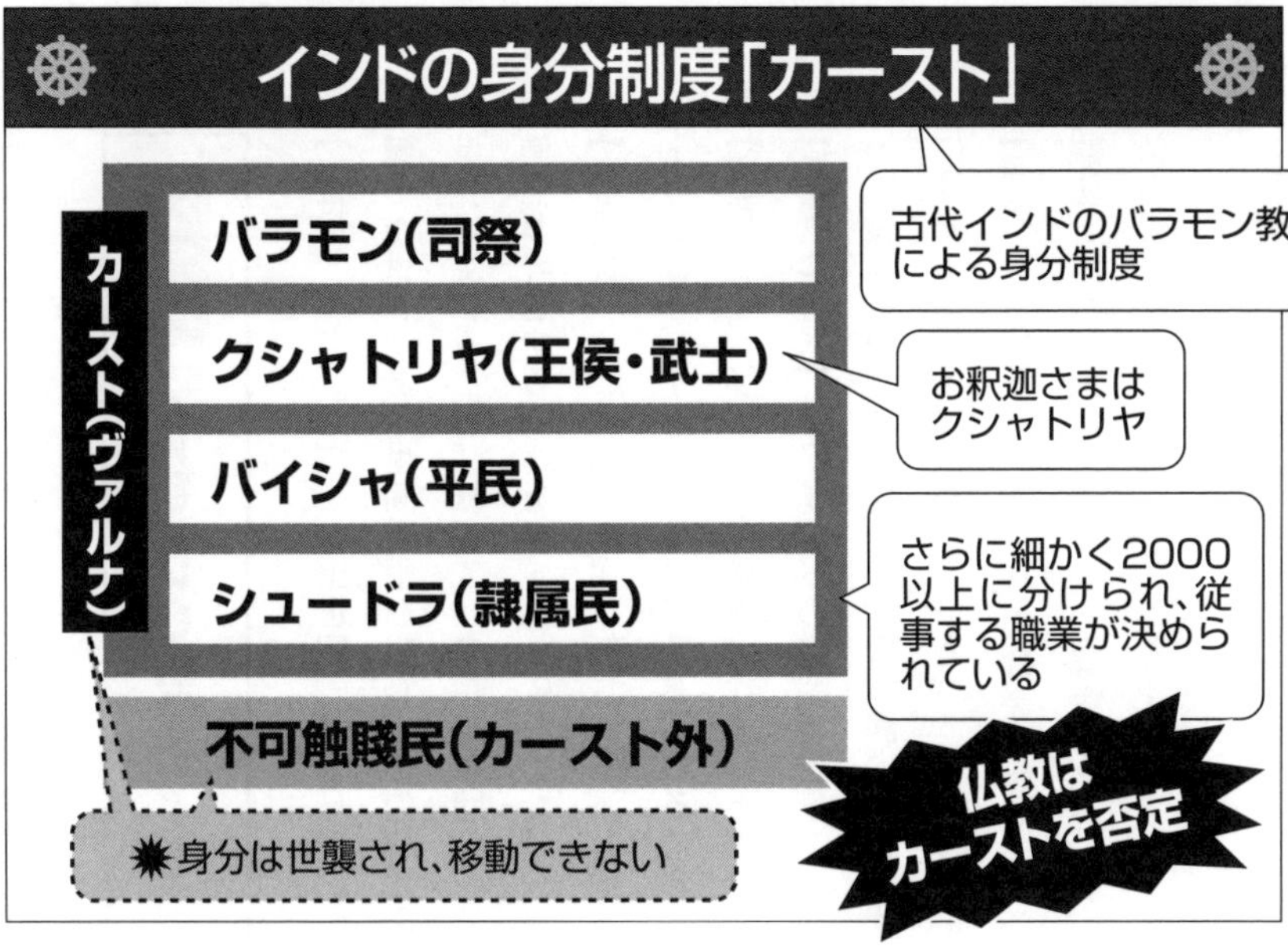
インドの身分制度「カースト」
古代インドのバラモン教による身分制度
カースト(ヴァルナ)
バラモン(司祭)
クシャトリヤ(王侯・武士)
お釈迦さまはクシャトリヤ
バイシャ(平民)
シュードラ(隷属民)
さらに細かく2000以上に分けられ、従事する職業が決められている
不可触賤民(カースト外)
身分は世襲され、移動できない
仏教はカーストを否定

た逸話も象徴的だ。鍛冶屋はカーストが低く、卑《いや》しい身分と見られていたからだ。

今の私たちの世の中にも、自分の力ではどうにもならないことがたくさんある。たとえばお金ばかりがものをいう世の中の仕組み、核家族化が進んで不安な老後、たまたま配属された職場でのストレス。程度の差はあれ、「世間」から押し付けられる圧力の前に、私たちは疲れきっている。

そんなにマジメにつきあわなくていいんだよ。間違ってるのは世の中なのだから――お釈迦さまなら、そう言ってくれそうな気がする。

仏教はカーストを否定した革新的な思想として、世の中と火花を散らした。しかし、私たちがそこまでやってしまうと、安らかに暮らしていくには何かと不都合が多い。そこは仏教的に「中道」でこだわりのないアプローチを心がけ、和やかに楽しめる人生を手に入れよう。

コラム

アレもコレも仏教語！① 「出世」編

【出世（しゅっせ）】……出世間、つまり迷いに満ちた世界である世間を飛び出し、仏の教えの世界に生きること。転じて、寺院や教団の中で僧侶が昇進することを指すようになった。

【立派（りっぱ）】……僧侶が新しい一派を立ち上げるほど、すぐれた境地に達していること。

【達者（たっしゃ）】……真理に到達した者。

【知事（ちじ）】……インドの寺院で雑務を行なった役職「カルマ・ダーナ」の訳語。奈良時代にはすでに日本に伝わっていた。

【演説（えんぜつ）】……仏の教えを説くこと。説法と同じ。本来は自分の主義主張ではなく、仏の説いた真理を伝えることだった。

【足を洗う（あしをあらう）】……インドの僧侶は裸足で托鉢《たくはつ》に出て、寺に戻ると汚れた足を洗ったことから、俗界の煩悩を清めることを意味するようになった。

【旦那（だんな）】……サンスクリット語「ダーナ」（お布施《ふせ》）の訳語。もともとは寺にお布施をする信者を指していた。転じて「お得意さま」「目上の者」の意味になった。

【道楽（どうぎょう）】……道を修めて楽しみを得る、すなわち、仏の教えに慣れ親しんで、安らかな心地に到ること。

【有頂天（うちょうてん）】……天界の中で最高に位置する世界「有頂天」から。

第二章
そのままでいい。自分にやさしく生きる

人生は、だれにとっても四苦八苦。思うようにならなくて当たり前なのだ

お釈迦さまが真理を悟った後、真っ先に説いたのが「人生は思い通りにならない」、つまり「苦」であるという真理だ。

もちろん思い通りになることだってある。仕事がうまくいったり、スポーツの試合に勝ったり。こうしたささやかな喜びに、私たちが生き甲斐を感じるのは確かだ。

しかし、お釈迦さまがそもそも問題にしていた「生まれる」「老いる」「病にかかる」「死ぬ」――これら人生の大問題について、私たちはまったく非力である。

どんな国の、どんな両親のもとに生まれてくるのか、私たちは選ぶことはできない。いったん生まれるや、老いや病気が確実に私たちのもとを訪れる。そして、どんなに医学が進歩しても、どんなに財産や権力があっても、死の不安に対してはおびえることしかできない。

かくも思うにまかせない生《しょう》・老《ろう》・病《びょう》・死《し》を「四《し》苦《く》」。これに愛別離苦《あいべつりく》（愛する人との別れは必ず来る）、怨憎会苦《おんぞうえく》（嫌いな人ともつきあわねばならない）、求不得苦《ぐふとっく》（欲しがっても得られない）、五蘊盛苦《ごうんじょうく》（精神と肉体のはたらきが生む煩悩を制御できない）を加えて「八苦《はっく》」と呼ぶ。

思い通りにならないことが、こんなにあるのが私たちの人生。うまくいかないのが当たり前なのだと、お釈迦さまは明らかにしてくれた。

思い通りにならない「四苦八苦」

四苦

生 どんな境遇に生まれてくるのかは選べない。そして、生まれてきたからには老・病・死は避けられない

老 若者も、いつかは年をとる

病 だれもが病を避けることはできない

死 死はいつか必ず訪れる。そのときは刻々と近づいている

八苦

愛別離苦 愛する人との別れは、必ずやってくる

怨憎会苦 嫌いな人ともつきあっていかねばならない

求不得苦 欲しいと思っても、得られないものも多い

五蘊盛苦 人の五感や心のはたらきはさまざまな煩悩をもたらし、思い通りにコントロールできない

どうしたら安らぎが手に入るのか、いちおう理屈を知っておこう

人生は思い通りにならない。それだけなら私たちはどうにも救われないということになるが、幸いお釈迦さまは、その原因を明らかにし、どうすれば救われるのかまで示してくれた。これを「四《し》諦《たい》」（四つの真理）と呼んでいる。「諦」は「明らかにする」という意味だ。

人生が思い通りにならない（苦《く》諦《たい》）のは、私たちにさまざまな欲求や煩悩があるからだ（集《じっ》諦《たい》）。モノだったり地位だったり健康だったり、欲しいものはいくらでもあるのに、めったに手に入らない。手に入ったら入ったで余計に欲しくなる。

こうした煩悩をコントロールできれば、思いがかなえられずに悩み苦しむことはなくなる（滅《めっ》諦《たい》）。完全に「苦」から自由な境地を「涅槃」（ニルヴァーナ）と呼んでいる。

その涅槃へ到るためには「八正道」を実践し、自らを律すればいい（道《どう》諦《たい》）。

「苦諦」で現状を見定め、「集諦」で原因を明らかにし、「滅諦」で目標を設定し、そこへ到る道筋を「道諦」で示す。究極の安らぎを手に入れるための完璧なロードマップである。

問題は「八正道」が基本的には出家した者を対象にしていて、私たちには実践が難しそうなことだ。しかし、心配はご無用。私たちにできることも実はたくさんある。まずは正しい地図さえ手にしていれば、迷うことはないのである。

究極の安らぎ"涅槃"へ到る道
四諦
4つの真理
現状を把握
苦諦
生きていくには四苦八苦がつきもの。
思い通りにはならず、安らぎを得ることはできない。まずは真理を見定めよう
原因を解明
集諦
思い通りにならないのは、
果てしない欲望、**煩悩があるから**。
苦をもたらす原因を見定めよう
目標を設定
滅諦
煩悩をコントロールすれば、
苦のない境地**「涅槃」に到る**ことができる。
目指す境地を見定めよう
方法を提示
道諦
涅槃に到るには**「八正道」を実践**する。
正しい方法で、安らぎの境地へ向かおう
涅槃の境地に到る8つの方法
八正道
正しい見解（正見）
正しい生活（正命）
正しい思惟（正思）
正しい精進（正精進）
正しい言葉（正語）
正しい思念（正念）
正しい行為（正業）
正しい瞑想（正定）
すべての仏教修行の基本

すべてのことには原因がある。苦しみに陥るメカニズムを明らかにする

お釈迦さまが悟りを開き、もっとも初期に「四諦」とともに説いたのが「十二縁起」とされている。なぜ「苦」に満ちた人生が生じるのか、そのメカニズムを十二段階で表わしたものだ。

そのベースには「あらゆる物事は過去の何らかの原因によって起こり、未来に何かを起こす新たな原因となる」という考え方がある。どんな物事も独立して存在するわけではなく、縁があって起こり、原因・結果が絡み合って、この世の中は成り立っている。

苦が生じる根本的な原因は、世界のあり方を正しく認識できない「無明《むみょう》」の状態である。正しい認識とは、これから本章で見ていく「すべては変化し続ける」「『私のもの』など存在しない」といったもの。無明によってさまざまな煩悩が生まれ、欲望に駆られて行動を起こす習慣が染み付いてしまうことにより、苦ばかりのこの世界で輪廻を繰り返してしまうのだ。

この縁起のメカニズムは、原因と結果の組み合わせで順番に理解できる。決して「神」が決めてしまうような飛躍はなく、私たち自身が原因を作り出している。だから、この縁起を逆にたどって原因を減らしていけば、安らぎへと近づくことができる。「四諦」「八正道」という地図は架空の世界のものではなく、私たちの足で歩いて行ける世界なのだと、十二縁起は教えてくれている。

十二縁起

過去世	1	無明《むみょう》	ものがどのように存在しているのか、正しい認識をもっていない
	2	行《ぎょう》	誤った認識によって行為（業）が生み出される
	3	識《しき》	行為の結果が意識の中に蓄積されていく
現世	4	名色《みょうしき》	植え付けられた意識によって、次の人生における心と体が作り上げられる
	5	六処《ろくしょ》	肉体の形成にともなって5つの感覚器官（目･耳･鼻･舌･身）と心が生じる
	6	触《そく》	感覚器官が対象と接触する
	7	受《じゅ》	接触によって生まれる「心地よい」「苦痛だ」などの印象が心を動かす
	8	愛《あい》	「心地よい」と感じたものを求める欲望（煩悩）が生じる
	9	取《しゅ》	欲望の対象にとらわれて執着が生じる
	10	有《う》	意識に蓄積されてきた業と執着によって、次にどう生まれ変わるかが決まる
来世	11	生《しょう》	新たな肉体へと生まれ変わる
	12	老死《ろうし》	生まれた瞬間、老いと死の苦しみに向かって再び流されていく

苦が生じるプロセス（原因→結果）（1→12）

苦を減じるプロセス（原因←結果）（12→1）

欲望に追いたてられて、カラカラに渇いた心が苦を招く

「四諦」によれば、私たちが安らぎを得られない原因は欲望、仏教風に言うと煩悩である。

欲望にはさまざまなものがあるが、食欲や睡眠欲など生きるために必要な根源的な欲望については、そもそも断ち切ることができないから問題とはしない。苦をもたらしているのは「渇愛《かつあい》」と呼ばれる欲望である。

「食べたい」という欲望は生命を維持するために欠かせない。しかし、「もっとおいしいものが食べたい」となると渇愛である。毎度毎度おいしいものが食べられるわけもなく、満たされない思いに悶々《もんもん》とさせられる。「食べたい」こと自体が問題ではなく、「もっと」と欲張ることが苦を招くのである。

渇愛とは、大海原で漂流中、ノドがカラカラに渇いたときに、海の水を飲み干すようなものだ。決して渇きはいやされることなく、ますます焼けるようにノドが渇くだろう。

お釈迦さまの初めての説法を綴った『初転法輪《しょてんぽうりん》経』によると、渇愛には三つの特徴がある。

ひとつ目は、姿を変えて果てしなく続くこと。満たされたかと思ったら、次から次へと新たな欲が湧き起こってくる。

ふたつ目の特徴は、喜びと貪りをともなっていること。一度心地よい思いをすると、もっと欲しくなるものであり、際限がない。

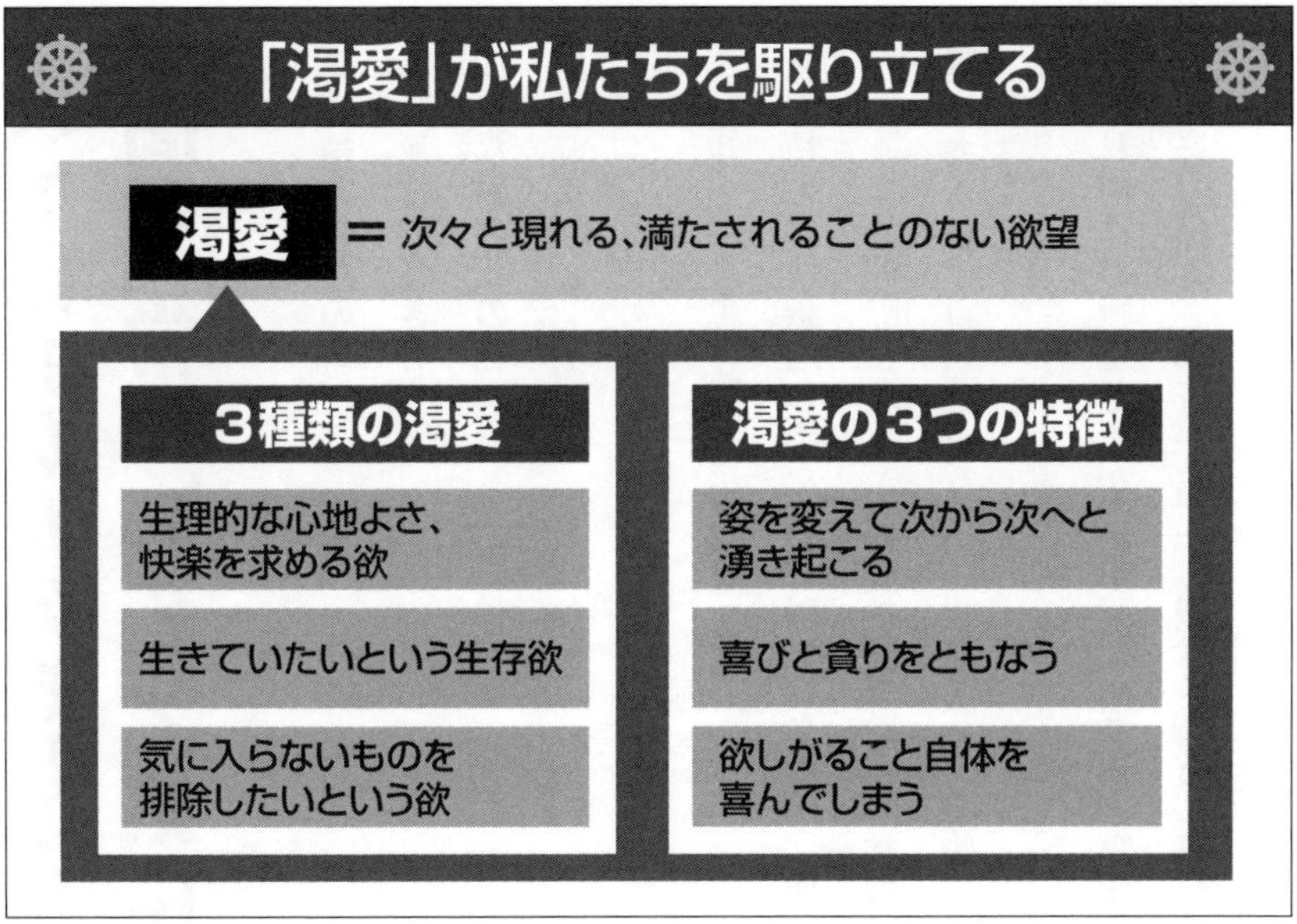
「渇愛」が私たちを駆り立てる
渇愛
＝次々と現れる、満たされることのない欲望
3種類の渇愛
生理的な心地よさ、快楽を求める欲
生きていたいという生存欲
気に入らないものを排除したいという欲
渇愛の3つの特徴
姿を変えて次から次へと湧き起こる
喜びと貪りをともなう
欲しがること自体を喜んでしまう

三つ目の特徴は、その場その場の状態を気に入ってしまうこと。満たされないで、もっと欲しくなる、そのこと自体を喜んでしまう性質が私たちにはある。「そんな私がカワイイ」と自分を納得させてしまう気持ちだ。

私たちの社会はこの渇愛によって成り立っているようなものだ。「もっとおいしいものが食べたい」という欲が食文化を豊かにし、「もっとキレイになりたい」という欲がファッションや化粧品や美容の世界を繁栄させる。「出世したい」という欲があるから企業活動も活発になる。

しかし、社会に活気が出ても、私たち自身はどうだろう？　次から次へと新しい欲望の対象が目の前に現れて、まるで欲望に追いたてられているようだ。しかも、決して満たされることはない。

この悪循環を少しずつ減らしていくことが、安らかな人生を送る第一歩である。

すべてはあなたの感じ方次第。世間の「常識」なんて気にしない！

祇園精舎の鐘の声、
諸行無常《しょぎょうむじょう》の響き有り。
沙羅《しゃら》双樹《そうじゅ》の花の色、
盛者《じょうしゃ》必衰《ひっすい》の理《ことわり》を顕《あらわ》す。

ご存知、『平家物語』の冒頭である。

祇園精舎はお釈迦さまたちが過ごした寺院。僧侶が亡くなる間際になると、無常堂というお堂の四隅にある鐘が自然に鳴り、「諸行無常」で始まる『大般涅槃経《だいはつねはんぎょう》』の諸行無常偈《げ》を説いたという。

沙羅双樹はお釈迦さまが亡くなったとき、寝床の四隅にお供えされていた花。臨終とともに黄色い花が白く変わり、どんなに栄えた者もいつかは衰えるのだという理法を教えてくれた。

「諸行無常」とは「あらゆる存在は常に変化し続けており、同じままとどまることはない」という、お釈迦さまが説いた真理だ。

当たり前のことのように聞こえるが、私たちは何か絶対的な存在、時間がたっても変わらない存在というものがあるのだと、いつのまにか思い込まされている。

身近な例で言えば、日本という国が大きく変化することなどないと、たぶん多くの人が信じているだろう。もっと身近で言えば、私たちの誰もが明日事故に遭って死ぬかもしれないのに、なぜかいつまでも生きていられるような自信をもって人

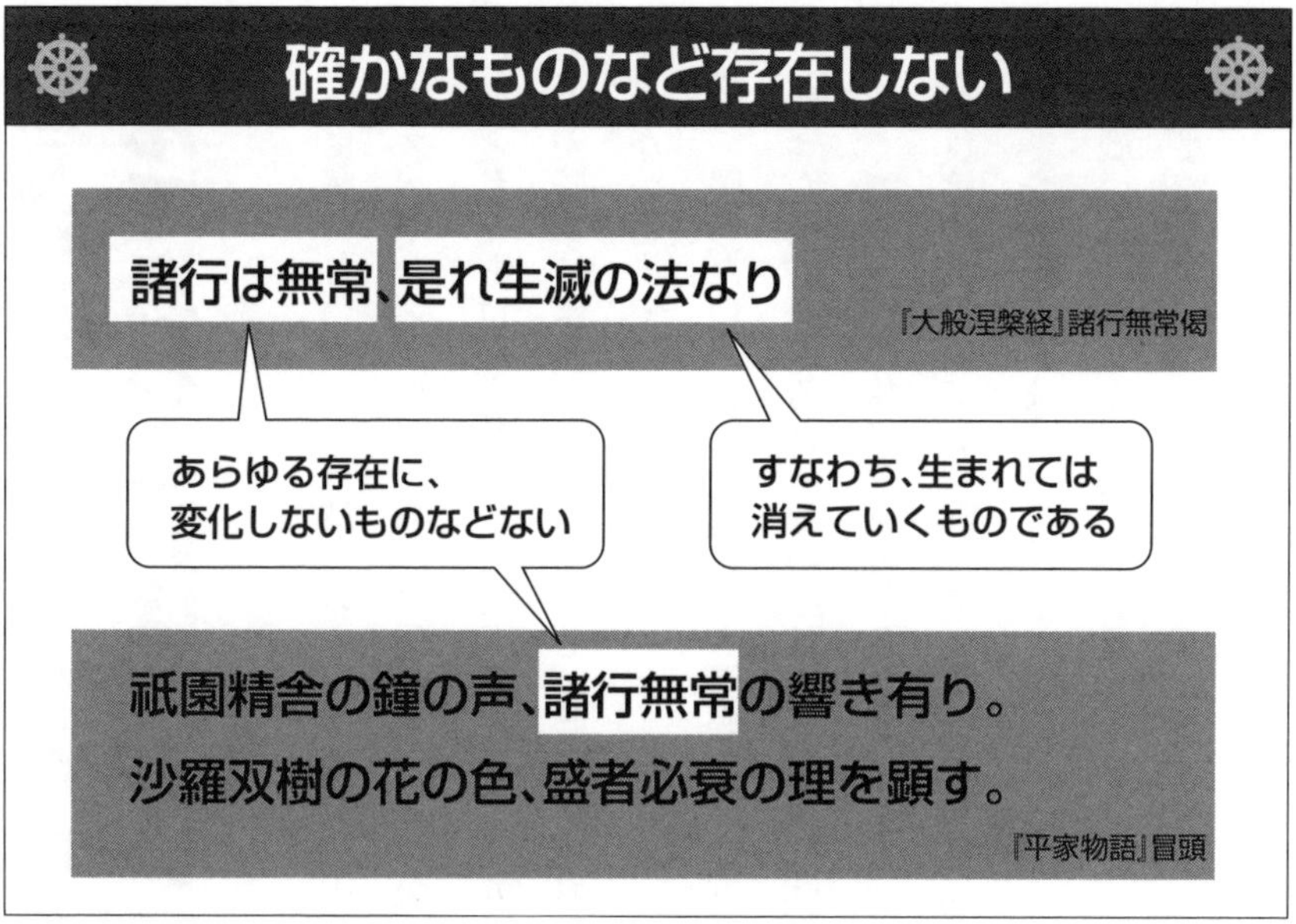
確かなものなど存在しない
諸行は無常、是れ生滅の法なり
『大般涅槃経』諸行無常偈
あらゆる存在に、変化しないものなどない
すなわち、生まれては消えていくものである
祇園精舎の鐘の声、諸行無常の響き有り。
沙羅双樹の花の色、盛者必衰の理を顕す。
『平家物語』冒頭

生の五カ年計画などを立ててしまう。

しかし本当は「無常」なのだ。

三カ月前のファッションがもう古くさく見えるように、ついこの間のバブル時代にもてはやされていた常識は、今では軽蔑の対象となっている。だから今の日本や、会社や、学校や、世間の「常識」なんて、たいしてアテにならない。真に受けて、ストレスをためてまで合わせようとする必要はないのだ。

絶対的な何かを信じられないというのは不安かもしれない。しかし、そんなものは初めから存在しないのだから、もっとあなた自身を信じることにしてはいかがだろうか。

世間とあなたの常識が食い違ったら、世間のほうを先に疑ってみよう。もちろん、そのあなたでさえ変化しているのだが、自分の変化に裏切られるのなら納得もできるだろう。

「勝負に勝とう」「世の中の役に立とう」なんて思わないほうがいい

　勝負に勝つというのは気持ちのいいものだ。出世レース、ギャンブル、恋のかけひき……なにかというと私たちは勝ち負けにこだわる。もちろんだれもが勝負には勝ちたいと願うし、勝たなければならないとまで思っている。

　この「勝ちたい」という気持ちも渇愛だ。一度でも勝った経験があると、その心地よさをまた味わいたくて、再び勝負に身を投じることになる。いくら負け続けていても、戦っていること自体に生き甲斐を感じてしまう。

　もし戦い続けることに違和感を覚えないなら、そのままでもいい。しかし、疲れてしまったのなら、勝ち負けにこだわること自体を、そろそろ疑ったほうがいいだろう。

　すべてのものは常に変化し続けている。勝ち負けの基準だって一定ではない。たとえば、かつて高度成長期にはメーカーが花形だったし、金融や不動産が天下を取った時代もあった。今はＩＴだというが、これから世界的な食料不足が深刻化すれば、次の勝ち組は農業かもしれない。

　しかし、多くの場合、勝ち負けの基準は、今現在の世の中が押し付けてくるものだ。未来の保証など何もない。そして「勝たなければ負け」という意識を植え付けられて戦わされる。社会全体にとってはそのほうが都合がいいが、一人ひとりは疲れてしまう。

勝ち負けの基準なんていいかげん

諸行無常　すべてのものごとは変化し続けている

↓

勝ち／負け、役に立つ／立たないを決める絶対的な基準など存在しない

勝っている者は怨みを生じ、負けた者は苦しみに臥す。心静まった人は勝敗をすてて、安楽に暮らす

原始仏典『ダンマパダ』「幸せの章」二〇一偈

原始仏典『ダンマパダ』の「幸せの章」に、こんな言葉がある。

「勝っている者は怨《うら》みを生じ、負けた者は苦しみに臥《ふ》す。心静まった人は勝敗をすてて、安楽に暮らす」（早島鏡正著『ゴータマ・ブッダ』より）

負けたほうがいいと言っているわけではない。勝ち負けの基準自体がいいかげんなのだと意識した上でレースに参加すればいい。勝ったら素直に喜べばいいが、基準自体がいいかげんなのだから、得意になるほどのことでもない。そして、負けたとしても落ち込む必要はない。

勝とうと思わない謙虚《けんきょ》な人でも「社会の役に立つ人になりたい」ぐらいは思っているだろう。しかし、役に立つ・立たないの基準もまた、世の中が好き勝手に決めてしまうあやふやなものだ。世間に合わせるために無理をしてまで自分を変える必要はないのである。

過去にとらわれすぎると、今も未来も見えなくなる

私たちは過去の経験からあれこれ学んで成長していく。成功体験は自信となるし、失敗した反省は将来に活かされる——ことになっている。たしかにそうだが、逆に過去にとらわれるあまり、前に進めなくなることもある。

一度成功を体験すると、そのときの心地よさが忘れられない。現実にはうまくいっていないのに「きっともうすぐ元に戻る」と過去の成功にしがみついてしまう。

失敗したことを反省し、慎重に慎重にと身構えてしまい、いつまでたっても行動に移せない。

過去を省《かえり》みるのも、ちょっと考えものだ。

お釈迦さまが初期に説いた『一日賢人偈』は次のように始まる。

「人は過去を追ってはならぬ。未来を願ってはならぬ。およそ、過ぎ去ったものは、すでに捨てられており、また未来はまだやって来ていない。

そこで、知者は現在のことがらをいたるところで正しく観察し、揺るがず動じずして、それを修習すべきである」（早島鏡正著『ゴータマ・ブッダ』より）

過去に起こったことはもう変えられないのだから、後悔しても仕方がない。失敗を反省して学べることもあるだろうが、ものごとは常に変化しているのだから、次に同じことをするときには、まったく状況が変わっているかもしれない。

過去は変えられない!

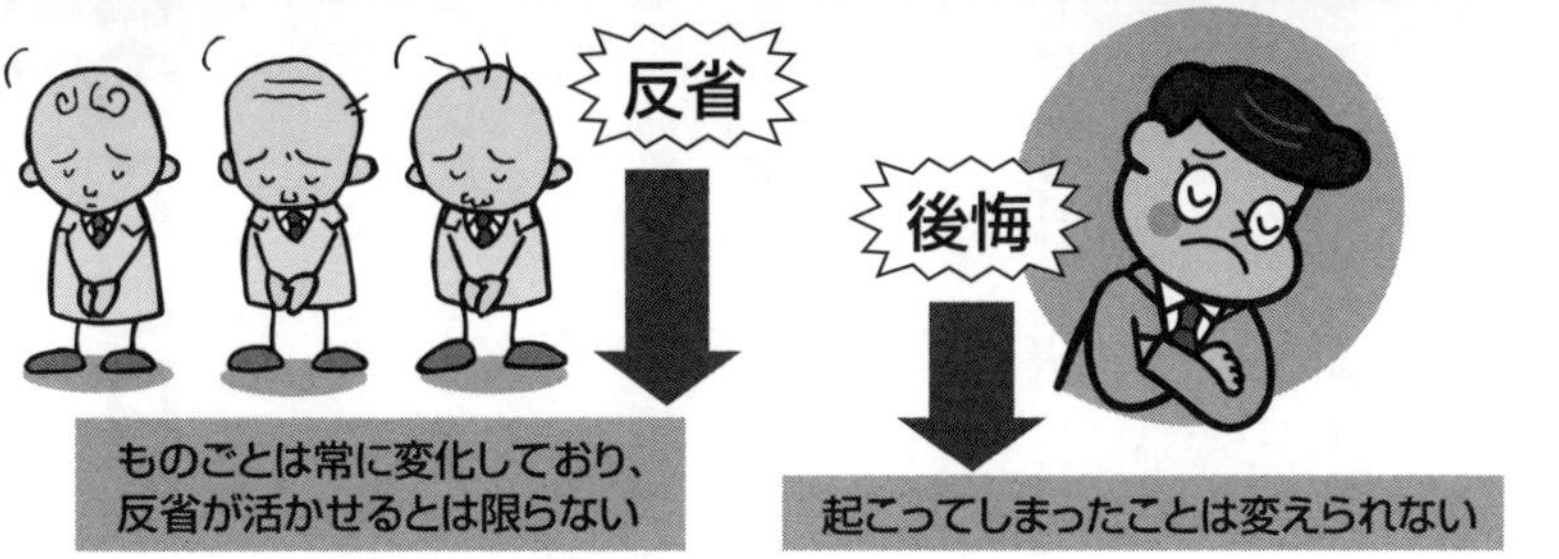
反省
後悔
ものごとは常に変化しており、
反省が活かせるとは限らない
起こってしまったことは変えられない

人は過去を追ってはならぬ。未来を願ってはならぬ。およそ、過ぎ去ったものは、すでに捨てられており、また未来はまだやって来ていない

『一日賢人偈』冒頭

あるITサービスの新人営業マンが中小企業の社長に売り込みをかけようとした。

一度目の営業では「自分の売る商品ぐらいちゃんと勉強してこい！」と怒鳴られてしまった。

じっくり勉強して自信満々に二度目の営業をかけたら「専門用語ばかりでわからん！」と怒鳴られた。

三度目は素人にもわかるよう説明方法を工夫して臨《のぞ》んだら「口ばっかり上手くなって！　一回目の新人らしい売り込みのほうが心を動かされた」と言われてしまった。

失敗を記憶にとどめて反省することは、機械の操作などのマニュアル化されたルーチンワークでなら役立つかもしれない。しかし、人生一般においては、自分が変わっていくのと同様、周囲の状況も変わっていく。過去にとらわれず、一日一日を新しい気持ちで迎えたいものだ。

頭の中の未来は幻にすぎない。明日のことは明日心配しよう！

前項で紹介した「未来を願ってはならぬ」の『一日賢人偈』は次のように続く。

「今日こそ、なすべきことを熱心になせ。だれが明日、死の訪れることを予知できようぞ。けだし、人はだれでも死魔の大軍と戦わないということがないからである」（早島鏡正著『ゴータマ・ブッダ』より）

私たちは何カ月も先の旅行の約束を交わしたり、十年先を見越したキャリアパスを設計したり、二十年・三十年といったローンを組んだりする。その前提にあるのは、世の中や自分を取り巻く状況はたいして変わらないという根拠のない自信だ。

行きたかった旅行先が一カ月後に伝染病で渡航禁止になるかもしれないし、明日、階段から落ちて骨折してしまうかもしれない。来年には会社が倒産することもありうる。期待する通りにものごとが運ぶという保証はどこにもないのである。

しかし何の希望もないのでは人生つまらないから、多少夢を膨《ふく》らませて予定を立てるのは励みになっていいだろう。同じ幻でも、ポジティブな幻は人を元気にする。

一方、未来を心配するのはお勧めできない。骨折や倒産はいつ襲ってくるかわからないが、わからないからこそ、心配しても損なだけだ。

心配してもしなくても、骨折するときはするし、倒産するときはする。心配するのは、そうなった

未来を心配せず、今できることをしよう

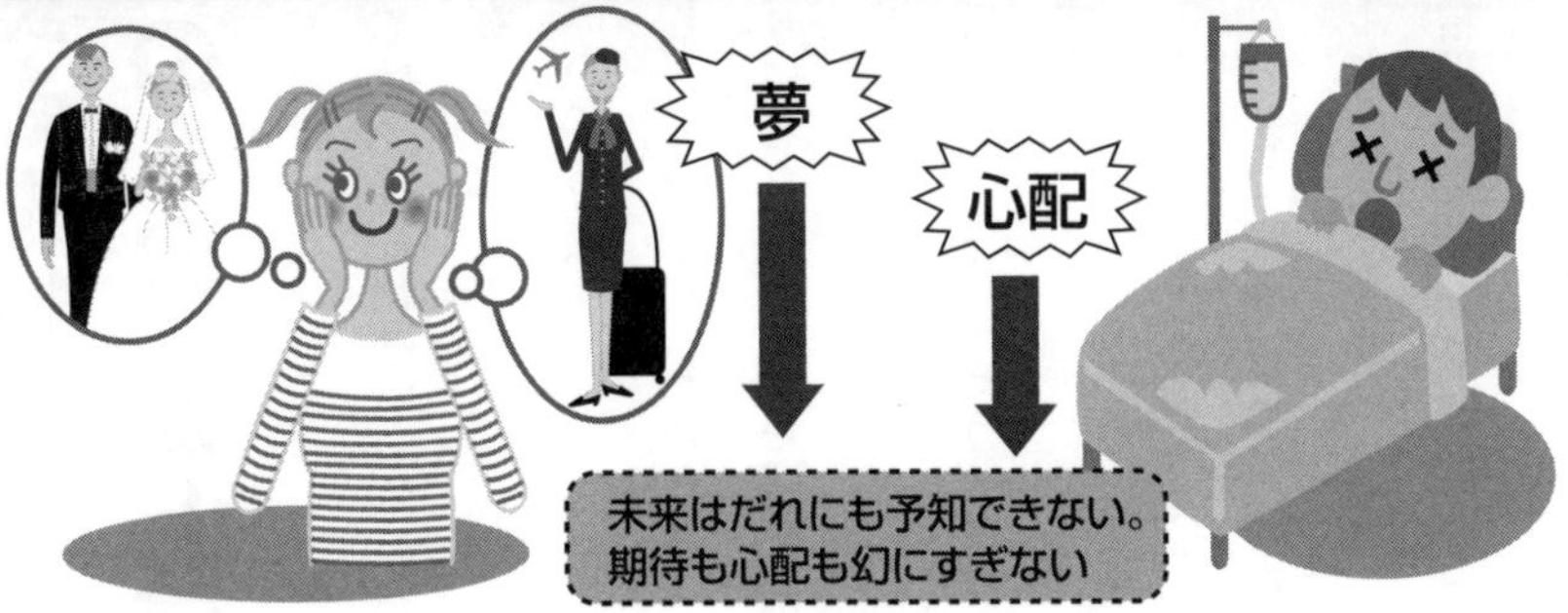
夢
心配
未来はだれにも予知できない。
期待も心配も幻にすぎない

今日こそ、なすべきことを熱心になせ。
だれが明日、死の訪れることを予知できようぞ

『一日賢人偈』より

ときでいい。

たとえば明日、会社で大勢の前でプレゼンをしなければならない。うまくできるかどうか不安になるのは当然だ。あれこれ想像が膨らみ、不安ばかりが募《つの》ってくる。

しかし、それはあくまで想像であり、現実のものではない。どうせその場になってみなければわからないのだ。

未来の幻にとらわれている間に、今すべきことがあるだろう。資料をもう一度読み込んだり、想定される質問への答えを用意しておくといった今できることを淡々と進める。不安が幻なのだとわかれば、準備もはかどり、安らかな気持ちで明日を迎えることができる。

未来から幻の不安を背負い込んでしまい、大切な今日を虚《うつ》ろに過ごしてしまうことのないよう、期待も不安もほどほどにしたい。

お金も地位も、最愛の人も……「私のもの」など何もない

すべては変化し続けているのだから、「私」という存在も変化し続ける。変われるからこそ人生は楽しいのである。

ただし、その「私」というのは、とてもあいまいで頼りにならない。「私」は、両親にとっては子どもであり、上司にとっては部下であり、お店にとっては客である。そうした関係性の中で存在するにすぎない。

仏の教えは、「私」なるものは五つの塊「五蘊《ごうん》」からできていると説く（左頁）。その五つの要素はどれも常に変化しており、確かなものではない。結果として、「私」はいつも変化し続け、自信をもって「これが私です！」と言えるものなど何もない。

しかし、私たちは「これが私」と勝手なイメージを作り上げている。幻と現実がズレてくると「私じゃない！」と悩んでしまうことになる。いつだって「私」は、そのままの「私」なのに。

「私のもの」もあやふやだ。大切にしているモノもいつかは壊れるし、最愛の人とも、いつかは別れなければならない。自分の体や心でさえ思うようにはならず、病気にかかったりする。「私のもの」が多ければ多いほど、不安の種も増える。

「私」も「私のもの」も、どんどん変わっていくのだと、まずは認めてあげよう。今の「私」にとらわれることなく、自ら変わっていけるのだ。

あいまいな“私”という存在

五蘊《ごうん》　5つの塊

“私”を構成する5つの要素

色《しき》　**肉体・物質**
➡形のあるものは常に変化し、やがて滅びる

受《じゅ》　**感覚**
➡より心地よい刺激を求め、感じ方は常に変化する

想《そう》　**知識・イメージ**
➡価値を判断し、イメージを作り上げる

行《ぎょう》　**行動を生むエネルギー**
➡常に何かしたいという思いに流されている

識《しき》　**認識する心のはたらき**
➡心は常に変化し続け、確かな“私”はどこにもない

すべては変化し続けている

諸法無我

確かな“私”なんて、どこにもない

あいまいな「私」と「私のもの」。孤独なのはみんな同じなのだ

すべてのものは変化し続けており、確かなものは何もない（諸行無常）。「私」や「私のもの」も確かではない（諸法無我）。

いくらなんでも、それでは寂しすぎると思われるだろうが、これはあなただけではない。私たちはすべて同じ条件の孤独を背負っているのだ。

お釈迦さまの時代に実在したとされるキサー・ゴータミーという母親の逸話がいくつかの仏典に伝えられている。

まだ幼い男の子が亡くなってしまった。彼女はその死を受け入れることができず、死んだ子どもを抱えて家から家へと薬を探し歩いた。たどり着いたのがお釈迦さまのもとだった。

動転しているキサー・ゴータミーに、お釈迦さまはこうアドバイスした。

「息子でも娘でも、まだ死人を出したことのない家を探して、白カラシの種をもらって来なさい」

母親は言われた通りに探しまわった。白カラシの種を持つ家は多かったが、死人を出していない家は一軒もなかった。

「私の子どもだけが死んだのではない。実は生きている人より死んだ人のほうが多いのだ」

キサー・ゴータミーは子どもの死を受け入れることができた。後に彼女はお釈迦さまのもとで出家して尼になった。

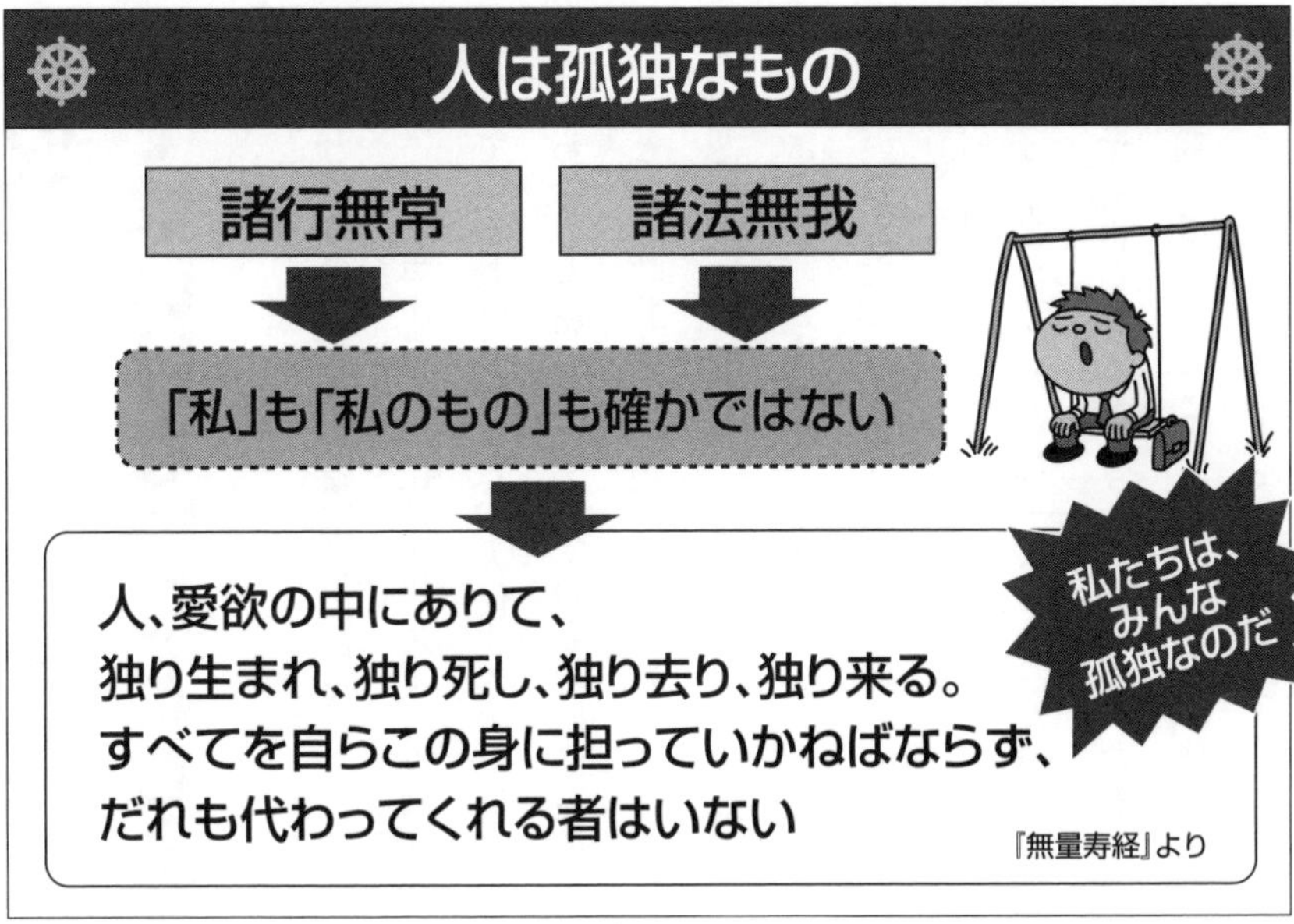
人は孤独なもの
諸行無常
諸法無我
「私」も「私のもの」も確かではない
人、愛欲の中にありて、
独り生まれ、独り死し、独り去り、独り来る。
すべてを自らこの身に担っていかねばならず、
だれも代わってくれる者はいない
『無量寿経』より
私たちは、みんな孤独なのだ

人の孤独を『無量寿経』はこう表わしている。

「人、愛欲の中にありて、独り生まれ、独り死し、独り去り、独り来る。

すべてを自らこの身に担《にな》っていかねばならず、だれも代わってくれる者はいない」

どんなに愛している相手でも、何らかの形で別れはやって来る。「私のことを一番わかってくれている」と思い続けてきた相手に裏切られることも少なくない。自分が変化したのかもしれないし、相手が変化したのかもしれない。しかし、初めからそうなることはわかっているのである。

だれもがもともと孤独なのだ。だれかに過度に期待をしたり、期待に応えようとすれば、新たな苦を背負い込むことになる。

そう心にとめて、孤独という自由に満ちた人生を、しみじみ楽しんでいこう。

仏の教えはユルいけれど、してはいけないこともある

仏教というのは大らかな宗教である。

『聖書』や『コーラン』に該当するような聖典が定まっているわけでもなく、入信するのに儀式が必要なわけでもない。「すべてのものには実体がない」という教義ゆえ、絶対的な「神」のような存在を認めていないため、時代により、土地により、人により、さまざまに解釈されて広まってきたユルい教えだと言える。

しかし、禁じられていることはある。いわゆる「戒律」である。このうち「戒」は、人から言われなくても自ら守っていく習慣。破ったからといって罰を受けることはない。一方、「律」は集団生活のルール。具体的な事例に即して定められたもので、罰則もある。

一般的な仏教徒が守るべき、もっとも基本的な生活規則が次の「五戒」である。

一　殺してはいけない
二　盗んではいけない
三　邪《よこしま》で淫《みだ》らな性関係を結んではいけない
四　嘘をついてはいけない
五　酒を飲んではいけない

四番目までは、キリスト教などの戒《いまし》めである「モーセの十戒《じっかい》」とも概《おおむ》ね一致するし、異論を唱える人はまずいない。若干《じゃっかん》不安はあるものの、人

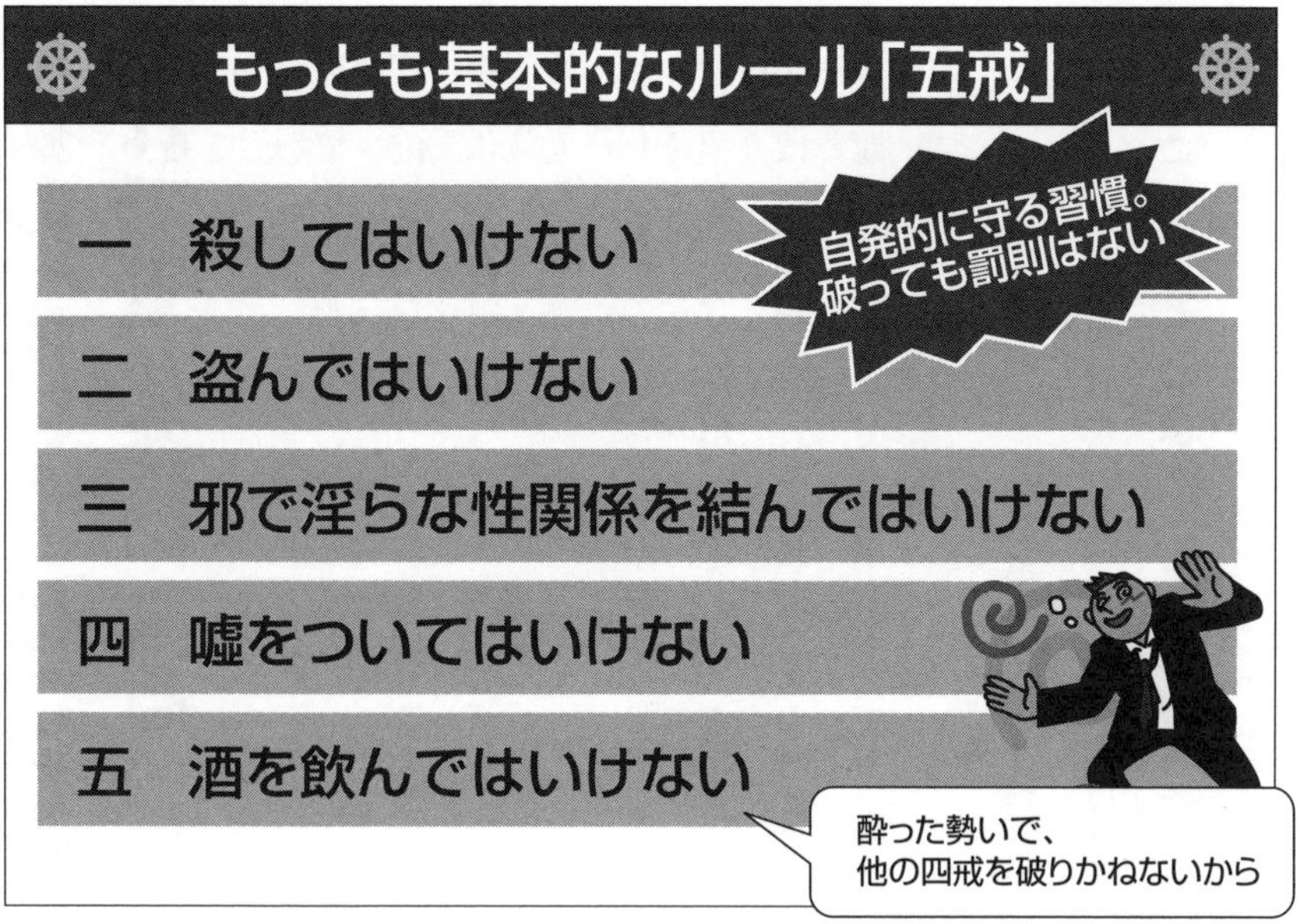
もっとも基本的なルール「五戒」
自発的に守る習慣。
破っても罰則はない
一　殺してはいけない
二　盗んではいけない
三　邪で淫らな性関係を結んではいけない
四　嘘をついてはいけない
五　酒を飲んではいけない
酔った勢いで、
他の四戒を破りかねないから

として守るべき、ごく当たり前のことばかりだ。

　しかし、五番目の「酒を飲むな」には納得のいかない人も多いはずだ。いくらなんでも殺人や盗みと同列に語るほどのものではないだろう――と。

　もちろんこれには理由がある。原始仏典『ダンマパダ』において、お釈迦さまは「酒には三十五の矢がある」と説き、酒のもたらす害を列挙している。「財を失う」「病の元となる」「もめごとの原因となる」「恥を忘れて裸になる」から「生まれ変わっても狂気の人生を送る」まで――酔っぱらいは二千五百年前のお釈迦さまの時代にも、すでに困った存在だったらしい。要は、酒そのものが悪いだけでなく、酔った勢いで他の四つの戒めも破りかねないということだ。

　そうはわかっていても、やはり酒好きは多い。酒に対して甘い日本では「酒に酔って迷惑をかけない」程度に解釈されていることが多いようだ。

最初の「痛い！」にこだわらない！ これで気が楽になる

前項で紹介した五つのルール「五戒」に従えば、動物の肉は食べないほうがいいということになる。実際、仏教徒の中にはベジタリアン（菜食主義）を通す人もいる。

しかし、家畜の肉ぐらいしか食べものがない地域や、招かれた食卓に出てきてしまった場合はどうすればいいのか。これはお釈迦さまの時代にすでに問題になり、食べていい場合として「三種の浄肉」（左頁）が定められた。

これまで何度も出てきた言葉だが、「こだわらない」、これが仏の教えの心髄《しんずい》である。肉は食べないにこしたことはないが、ごちそうされたものを選《よ》り好みするのは「こだわり」にあたる。肉料理しかない場所に行って「野菜が食べたい」と言い張れば、戒は守れたとしても、菜食への強いこだわりによって仏の教えから遠ざかってしまう。

お釈迦さまは原始仏典『雑阿含経《ぞうあごんきょう》』で「第二の矢」というたとえ話を用いて「こだわり」を戒めている。

「矢に打たれた人があるとしよう。次にどうするかで、人は二種類に分けられる。ひとりは慌てふためき、第二の矢を受けてしまう人。もうひとりは動揺せず、第二の矢を避けることのできる人である」

足を踏まれたら「痛い！」と感じる。この「第一の矢」を受けるのはお釈迦さまでも同じだ。

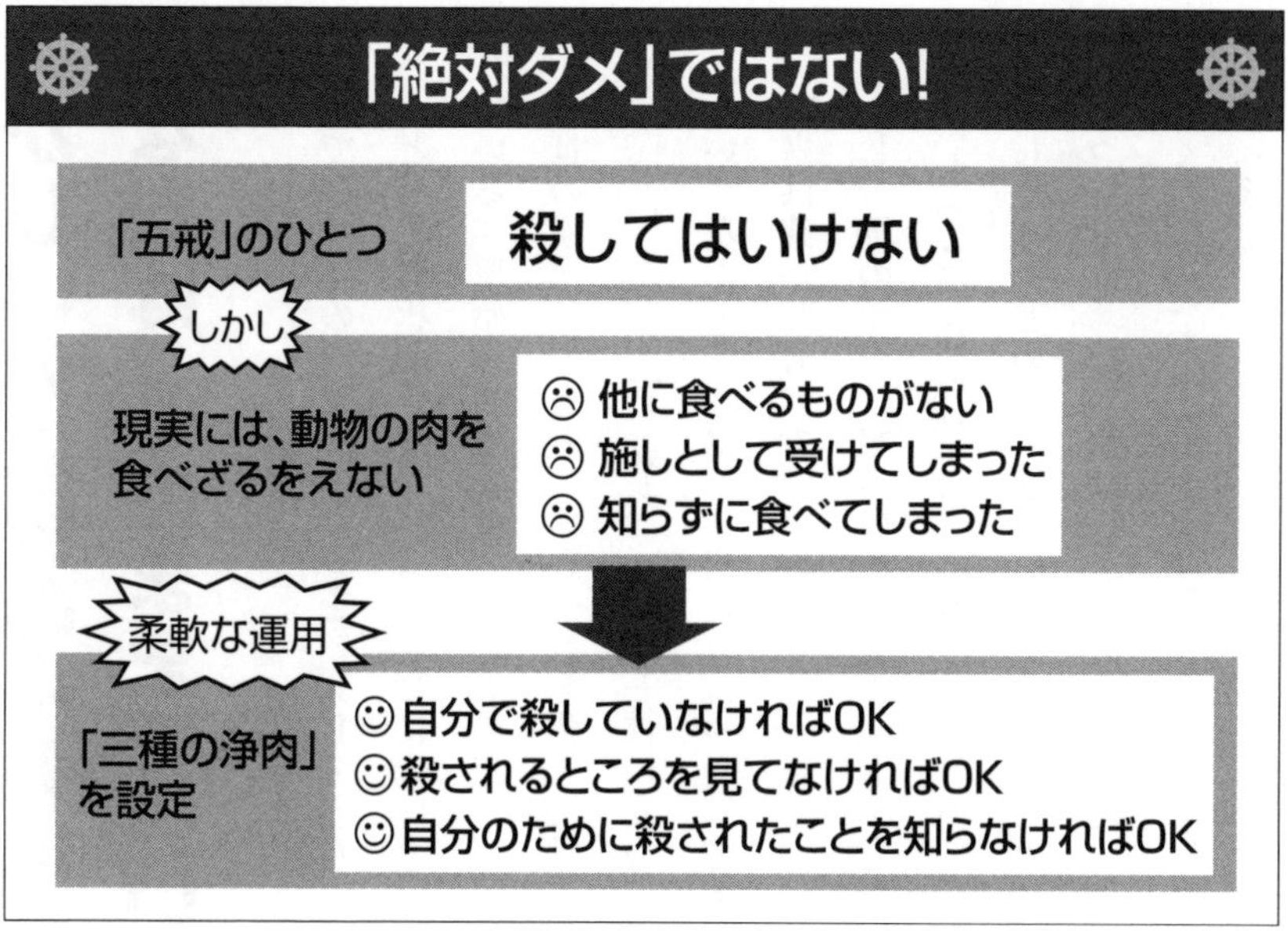
「絶対ダメ」ではない!
「五戒」のひとつ
殺してはいけない
しかし
現実には、動物の肉を食べざるをえない
☹ 他に食べるものがない
☹ 施しとして受けてしまった
☹ 知らずに食べてしまった
柔軟な運用
「三種の浄肉」を設定
☺自分で殺していなければOK
☺殺されるところを見てなければOK
☺自分のために殺されたことを知らなければOK

しかし踏んだ相手に対して怒りを覚えて「どこ見て歩いてるんだ！」と怒鳴ったり、手を出したりするのが「第二の矢」である。

あるいは仕事で失敗してしまったことを「第一の矢」とするなら、それを思い悩んで元気をなくし、何度も思い返してさらに大きな苦を背負い込むのが「第二の矢」である。

人間はさまざまな刺激を受ける。それに対してこだわりをもつと、感情がどんどん増幅されて止まらなくなる。心地よい経験にこだわれば「もっと欲しい！」と求めるようになる。辛い経験にこだわれば「なんでこんな目に遭うんだ！」と怒りが生じる。「第二の矢」を受ける前に冷静になれば、こだわりの原因は案外すんなり忘れ去られてしまうのに。

こだわらないこと。これが心の安らぎを得るキーワードである。

おかしいのは世の中のほう。あなたは、そのままでいい！

本章では「仏の教え」の基本を紹介してきた。ほとんどは、お釈迦さまが語った言葉に近いと言われている「原始仏典」に見られるものだ。

この世のすべてのものは、いつも変化し続けていて、「いい／悪い」「勝ち／負け」「役に立つ／立たない」なんて基準は行き当たりばったりであり、本当は確かなものではない。

しかし、世の中の仕組みは私たちの「もっと欲しい」「もっと認められたい」「もっと気持ちいい思いがしたい」という「欲」をうまく煽ることで成り立っている。その欲は決して満たされないだけでなく、「こだわり」として心に根を下ろして、どんどん膨らんでいく。

そして、なんだか疲れた。嫌になった……。

仏の教えは、そんな真っ当なため息に応えてくれる。なにせ二千五百年も前のものだから、多少読みかえる必要はあるけれど、安らかに生きようと願う気持ちは今も昔も変わらない。

どうやら世の中のほうが少し変なのだ。とくに最近の日本は変だ。だから、こちらから合わせてやる必要なんてない。

かといって、お釈迦さまのように「出家」なんてできはしない。変ではあるけど、なんだかんだいって楽しみも多いこの世の中に身を浸しながら、少し距離を置いてみる。いわば「バーチャル出家」のおつきあいでいこう！

安らぎを遠ざける言葉たち

あやふやな価値観を押し付け、「欲」を煽り、
「こだわり」を肥大させるNGワード
勝ちに行くぞ!
頑張ろう!
あなたは、そのままでいい!
世の中の役に立つ人になりましょう!
儲かりまっせ!
もっと欲しい!

コラム

アレもコレも仏教語！② 「外道」編

【言語同断（ごんごどうだん）】……人は物事を言葉で表わすことにより、本来「空」であるものを実体があるとみなし、執着するようになる。そうした言葉のはたらきを超えた世界が「言語同断」。すなわち仏の悟りの境地を表わした。後に、「言葉では表わせない」の意味となり、現在は否定的なニュアンスのみが残った。

【退屈（たいくつ）】……仏道の修行を投げ出すこと。

【微妙（みみょう）】……仏の慈悲の心や教えなど、言葉では言い表わせないほど深遠ですぐれているもの。最近の「ビミョー」のような否定的な意味はなかった。

【億劫（おくこう）】……「劫」は、未来永劫の「劫」と同じで非常に大きい数字の単位。その一億倍も時間がかかること。

【外道（げどう）】……お釈迦さまの時代に仏教以外を説いた六人の思想家が「六師外道」と名付けられた。後に仏教以外の宗教を指すようになる。

【下品（げぼん）】……『観無量寿経』では、極楽浄土に生まれ変わる者を、生きている間の行ないによって上品・中品・下品に分けた（さらに細かく九種類に分かれている）。上品の者はすぐに極楽へ生まれるが、下品の者はいったん地獄に落ちる。

第三章
今日からできる「菩薩のつもり」の生き方

仏の教えも時代に合わせて進化する。どうせなら「大きな乗り物」で行こう！

お釈迦さまは、その教えを文字では残さず、すべて対話によって伝えた。今、残されている膨大な「お経」は、弟子たちが記憶を頼りに作り上げたもの、そしてそれをもとに新たに書かれたものだ（ほとんどが後者）。最初の「お経編集会議」はお釈迦さまの入滅（臨終）直後に開かれ（第一結集《けつじゅう》）、その約百年後に改訂版の編集会議が開かれた（第二結集）。

このとき、「時代に即して戒律を改訂しよう」というグループと「改訂せずに文字通り守ろう」というグループができた（根本分裂）。現在の仏教にも、前者の流れをくむ「大乗《だいじょう》仏教」と、後者の流れをくむ「上座部《じょうざぶ》仏教」がある。

上座部仏教では、出家した僧のみが修行によって悟りに到れるとみなす。お釈迦さまの時代そのままの仏教を守っているのだ。

しかし「それではごく少数の人しか救われない！」と主張するのが大乗仏教。文字通り「大きな乗り物」だ。出家してもしなくても、だれもが悟りに到ることができると説き、生活の中でいかに仏の教えを実践していくかに重きを置く、いわば庶民派だ。日本の伝統仏教も大乗仏教である。

どちらがいいとか悪いというものではない。しかし、教えの実践を考えたとき、私たちの生活にフィットするのは大乗仏教のほうだろう。大きな乗り物でさっそくスタートしよう！

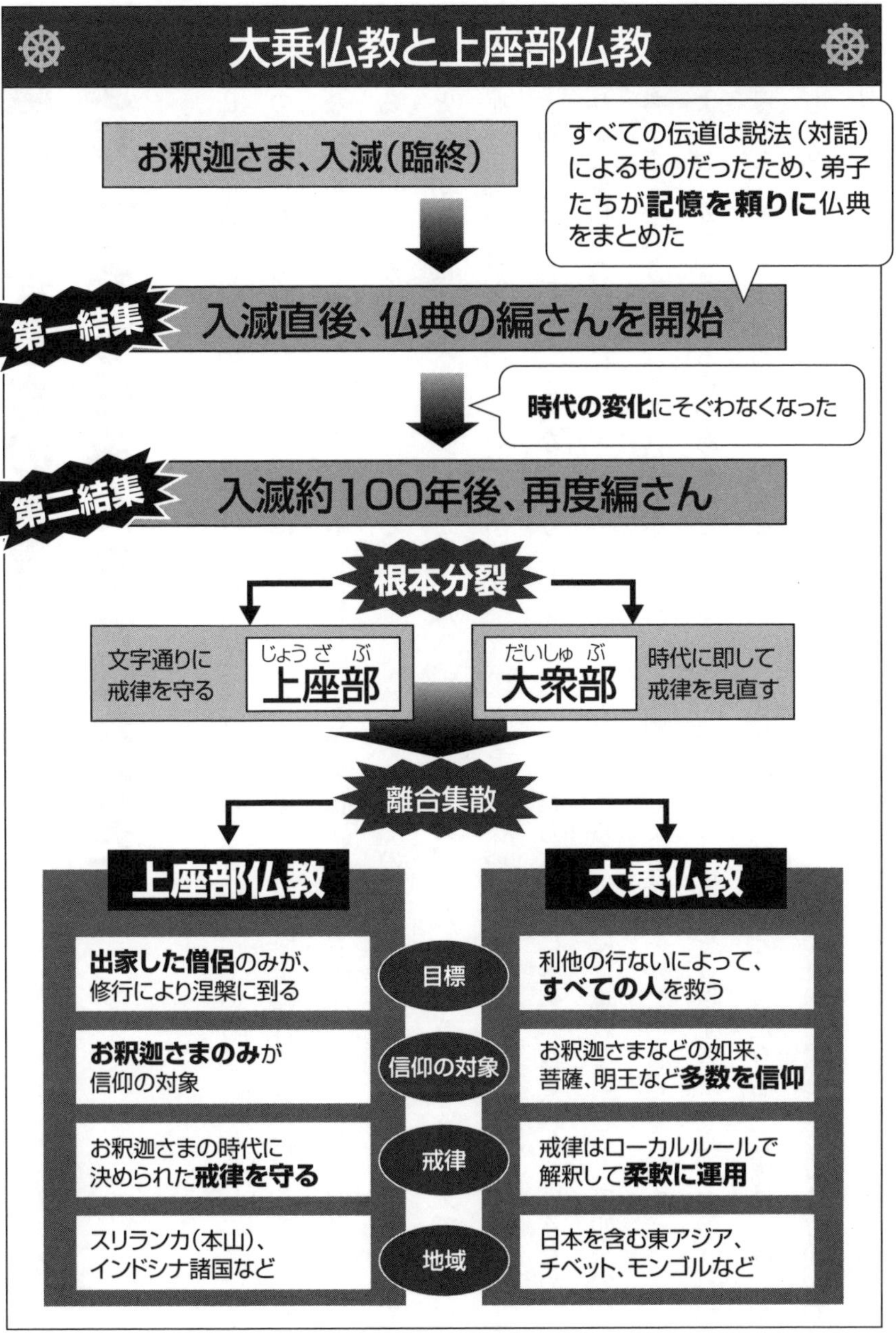
大乗仏教と上座部仏教
お釈迦さま、入滅（臨終）
すべての伝道は説法（対話）によるものだったため、弟子たちが**記憶を頼りに**仏典をまとめた
第一結集
入滅直後、仏典の編さんを開始
時代の変化にそぐわなくなった
第二結集
入滅約100年後、再度編さん
根本分裂
文字通りに戒律を守る
上座部《じょうざぶ》
大衆部《だいしゅぶ》
時代に即して戒律を見直す
離合集散
上座部仏教
大乗仏教
目標
出家した僧侶のみが、修行により涅槃に到る
利他の行ないによって、**すべての人**を救う
信仰の対象
お釈迦さまのみが信仰の対象
お釈迦さまなどの如来、菩薩、明王など**多数を信仰**
戒律
お釈迦さまの時代に決められた**戒律を守る**
戒律はローカルルールで解釈して**柔軟に運用**
地域
スリランカ（本山）、インドシナ諸国など
日本を含む東アジア、チベット、モンゴルなど

菩薩とは、安らぎの世界を目指す者。つまり、私たちはみんな菩薩なのだ！

大乗仏教が革新的だったのは、僧侶だけでなく、すべての人が救われるとした点だ。正確には、人だけでなく命あるものすべてを含んでいる。仏教における「民主化」が実現したわけである。

もっとも大切なのは「すべて」ということ。民族や経歴、信仰の有無さえ関係ない。本当にすべての生き物がもはや苦しむことのないようにしよう。それが大乗仏教の目標だ。

私たちがまずすべきなのは、これまで本書で見てきたような、安らぎに到る道があるのだと知ること。そして、その道を自ら歩んでいくことだ。

しかし、私たちの歩みはあまりにも弱々しい。だから私たちの知らないところで、いろいろな助けが入ることになっている。

まず先に悟って浄土に行ったお釈迦さまを代表とする仏（如来《にょらい》とも呼ぶ）が手を差し伸べてくれている。その手はあまりにも大きく、時空を超えているため、私たちには感じることさえできないかもしれない。

如来たちは完全に輪廻の輪を脱しているため、もう私たちの世界には現れない。そこで如来の片腕役として菩薩たちがこの世に姿を現す。

菩薩とは、悟りを目指す者たちだ。そのうち観音菩薩や文殊菩薩といった有名な菩薩は、ほとんど悟りに達し如来の世界に属しているにもかかわらず、まず他人、つまり私たちを先に悟りの世界

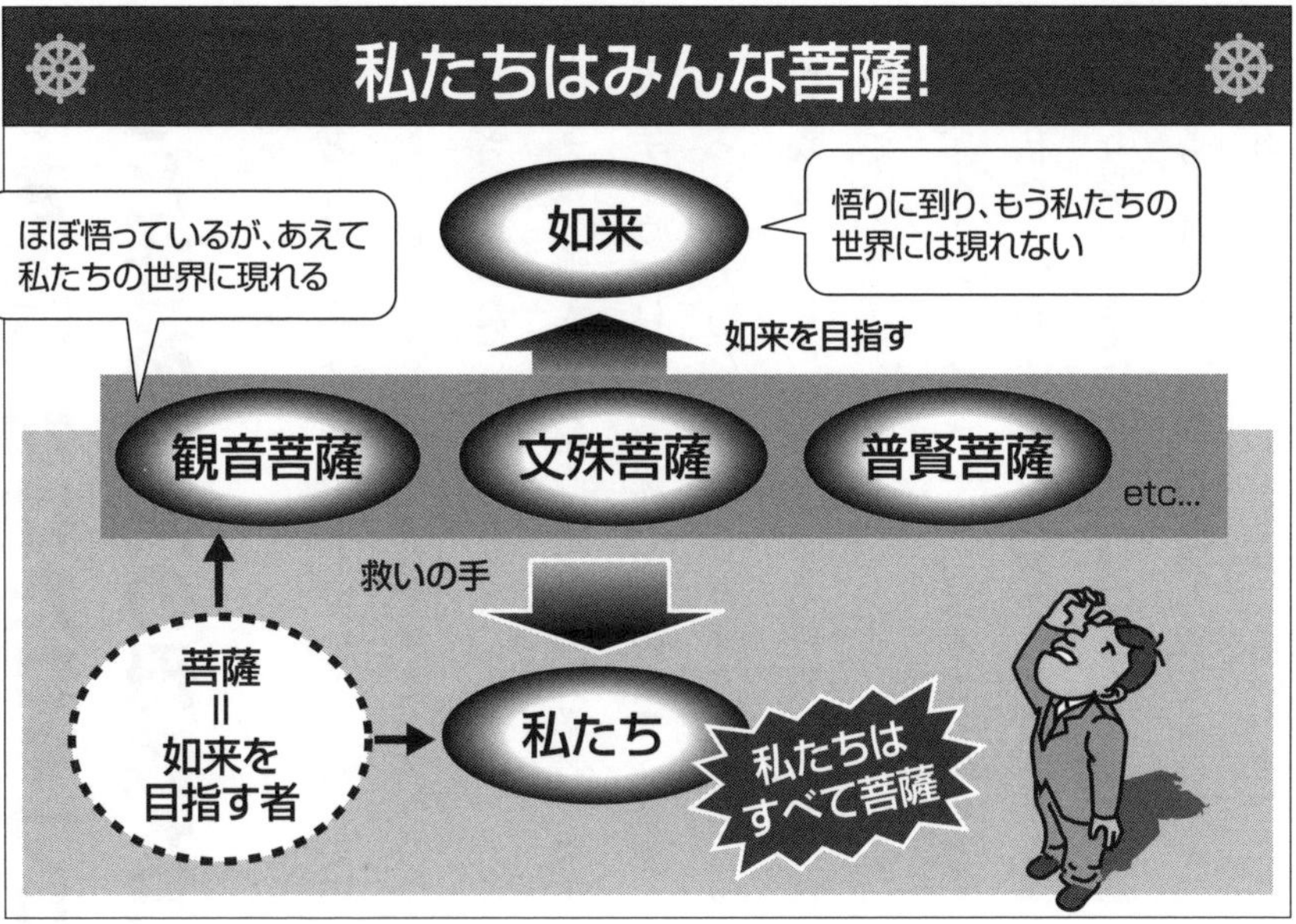
私たちはみんな菩薩！
ほぼ悟っているが、あえて私たちの世界に現れる
如来
悟りに到り、もう私たちの世界には現れない
如来を目指す
観音菩薩
文殊菩薩
普賢菩薩
etc...
救いの手
菩薩＝如来を目指す者
私たち
私たちはすべて菩薩

へ案内するために、あえて輪廻の輪の中にとどまり、他人のために思いやりを発揮するという修行を続けている。ひたすら清浄な如来の世界にいるより、苦悩に満ちた私たちの世界のほうが修行に向いているからである。

ところで、「菩薩とは、悟りを目指す者」であった。私たちも、思い悩むことのない安らぎを求めている。ということは、私たちも菩薩である。

これは曲解《きょっかい》でも何でもなく、大乗仏教においては私たちはすべて菩薩なのだ。ナントカ菩薩と呼ばれる有名な菩薩ではないが、名もない小さな菩薩である。いや、もしかしたら実は、さる有名な菩薩がさらに修行を積むために、あえて悩み多きあなたの中に宿っているのかもしれない。

すでに私たちは、自分が実は菩薩なのだと気がついた。菩薩としての心持ちと行ないが自然に湧き上がってくるだろう。

さっき追いかけたゴキブリが、ずっと昔あなたの母親だったかも！

菩薩としてどんな生き方をしていったらいいのか。大乗仏教の核心だけに、さまざまなノウハウが蓄積されてきた。

たとえば、七〜八世紀のインドの大学者シャーンティデーヴァは『入菩提行論《にゅうぼだいぎょうろん》』の中で、菩薩としてもっとも大切な「利他《りた》」（自分よりも他者のためになること）の心がまえを七段階で育《はぐく》む方法を記している。

まず、ベースとなっているのは輪廻転生の考え方だ。私たちの心は無限の過去からさまざまな肉体を渡り歩いてきた。人間だけでなく、動物であったかもしれない。時間は無限と考えると、そのいつかのタイミングでは、さっき追いかけたゴキブリが、あなたの母親や友人だったことがあるかもしれない。そのときに受けた恩に思いを巡らし、恩に報いようとするのなら、すべての生き物に対して分け隔てのない愛情と思いやりの心が湧いてくるはずだ。

私の母であり、友人であった人たち、生き物たちが今、この世で苦しんでいる。これを救わないでいられようか！

本来は各段階で深い瞑想《めいそう》を行なって、心と体で体験を深めながら進めていくプロセスだが、菩薩として目覚めたばかりの私たちは急ぐことはない。まずは、そんな道筋があるのだと知っておくことが菩薩としての行ないの第一歩だ。

7ステップで利他の心を育む

1 すべてのものを母と見なす

「輪廻を繰り返してきた間には、この人も、あの犬も、**すべての生き物が母として私を慈しんでくれたことがある**はずだ」と知る

2 育ててくれたやさしさに気づく

何に生まれたにせよ、子を育てるには大変な苦労があったはず。そのやさしさに思いを巡らす

3 やさしさに恩返しする

すべての生き物のやさしさに気づけば、その恩に報いようという気持ちが湧いてくる

4 慈しみの心を起こす

恩返しの気持ちから、だれに対しても、どんな生き物に対しても**分け隔てのない愛情**が湧き起こる

5 思いやりの心を起こす

愛すべき恩人たちは今、輪廻の世界で迷い苦しんでいる。すべての生き物のもつ**苦しみに思いを巡らす**

6 救済の実践を決意する

かつて私の母親であったことのある恩人たちを苦しみから救おう。すべての生き物を救済しようと決意する

7 悟りに到ろうとする利他の心がまえを起こす

そのために自らも修行を重ねて如来を目指し、広大無辺な力を得て、すべての生き物を救おう

（シャーンティデーヴァ『入菩提行論』の「因果の七秘訣」による）

二六二文字の『般若心経』は、菩薩の道を歩む最強のテキスト

お経といえばまず思い浮かぶのが『般若心経《はんにゃしんぎょう》』だ。もともとのタイトルは『仏説摩訶般若波羅蜜《ぶっせつまかはんにゃはらみ》多心経《たしんぎょう》』という。

仏説とは仏の教え。「摩訶」は「大きな」。「般若」は仏の智慧《ちえ》であり、「波羅蜜多」は「向こう岸に渡る」。「心経」はエッセンスの詰まったお経であることを意味する。つまり、仏の智慧によって、迷いや苦しみにまみれたこちら側の世界から、安らぎに満ちた向こう岸（彼岸）に渡る心髄を伝える大いなるお経ということになる。

「大いなる」といいながら、私たちが『般若心経』と呼ぶのは、漢字にしてわずか二六二文字の短いもの。ここに大乗仏教のエッセンスが詰まっているのが『般若心経』のスゴいところだ。

私たちは前章まで、いくつか基本的な仏の教えを見てきた。しかし、実は大乗仏教では「こだわらない」の精神を発揮して、いったん離れてしまうのだ。なんだか小難しいことがいろいろと言われてきたけれども「そんなもの知らなくても安らぎは得られる」と教えてくれるのが、この『般若心経』。その中身を順に解き明かしていこう。

私たちが読むのは『西遊記』でおなじみの玄奘《げんじょう》三蔵《さんぞう》が訳したものだ。ただし、漢訳の際に省略された部分もかなりあるので、中村元氏によるサンスクリット語からの現代語訳（『般若経典』による）も参考にする。

『般若心経』を読む

『仏《ぶっ》説《せつ》摩《ま》訶《か》般《はん》若《にゃ》波《は》羅《ら》蜜《みっ》多《た》心《しん》経《ぎょう》』

唐三蔵法師玄奘訳

観《かん》自《じ》在《ざい》菩《ぼ》薩《さつ》
行《ぎょう》深《じん》般《はん》若《にゃ》波《は》羅《ら》蜜《みっ》多《た》時《じ》
照《しょう》見《けん》五《ご》蘊《うん》皆《かい》空《くう》
度《ど》一《いっ》切《さい》苦《く》厄《やく》

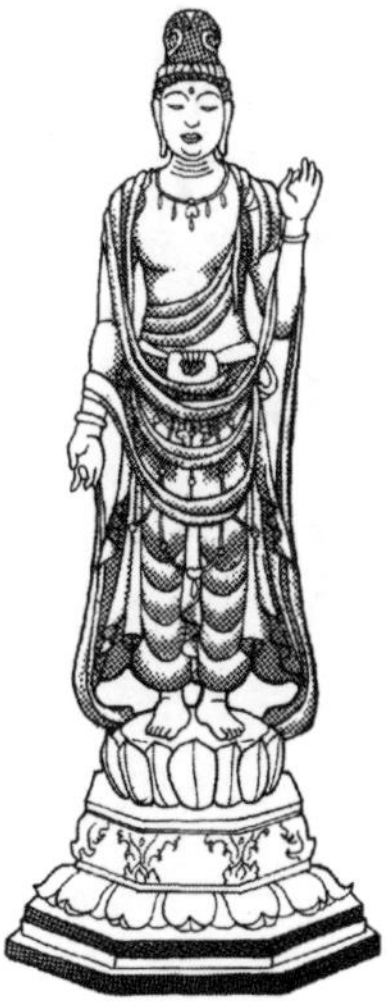

観自在菩薩

まず「観自在《かんじざい》菩薩」、つまり観音《かんのん》さまが登場する。私たちが志す菩薩のトップと言える観音さまが達した境地を語ってくれるのが『般若心経』だ。

冒頭の一文は次のような意味だ。

【観音さまが仏の智慧を完成させ、彼岸に渡る修行をなさったとき、肉体も心もすべては「空」であることを見極め、一切の苦を克服した】

「空」はソラではなくクウと読む。確かな実体がなく常に移り変わる、あいまいな存在だ。

すべてのものごとは移り変わっているという法則（無常）があるため、肉体や心を構成する「五蘊」（五八頁）もすべて「これは××である」と言いきれない「空」である。観音さまは修行を積んで、そう認識することができ、すべての苦悩から自由になって安らぎを手に入れたのである。

舎《しゃ》利《り》子《し》

色《しき》不《ふ》異《い》空《くう》　空《くう》不《ふ》異《い》色《しき》

色《しき》即《そく》是《ぜ》空《くう》　空《くう》即《そく》是《ぜ》色《しき》

受《じゅ》想《そう》行《ぎょう》識《しき》　亦《やく》復《ぶ》如《にょ》是《ぜ》

舎《しゃ》利《り》子《し》　是《ぜ》諸《しょ》法《ほう》空《くう》相《そう》

不《ふ》生《しょう》不《ふ》滅《めつ》　不《ふ》垢《く》不《ふ》浄《じょう》　不《ふ》増《ぞう》不《ふ》減《げん》

サーリプッタ（舎利子）

観音さまは、お釈迦さまの二大弟子のひとりサーリプッタに説く。

【サーリプッタよ。五蘊のうち「色」（物質や物質的現象）には実体がなく、実体がないからこそ、物質として認識できる。物質はすなわち「空」であり、「空」は物質として現れるものなのだ。五蘊の残り四つ「受・想・行・識」もこのように「空」である。

サーリプッタよ。すべての存在が「空」という性質を持つ。私たちにはいろいろな姿に見えるが、実は生じたり消えたりもしていないし、汚いも清いもない。増えたり減ったりもしていない】

この部分は『般若心経』の核心だ。私たちはいろいろなモノや現象を認識するが、人によってときによって、さまざまに見えるあやふやなもので

是《ぜ》故《こ》空《くう》中《ちゅう》無《む》色《しき》　無《む》受《じゅ》想《そう》行《ぎょう》識《しき》
無《む》眼《げん》耳《に》鼻《び》舌《ぜっ》身《しん》意《に》
無《む》色《しき》声《しょう》香《こう》味《み》触《そく》法《ほう》
無《む》眼界《げんかい》　乃至《ないし》無《む》意《い》識界《しきかい》
無《む》無明《むみょう》　亦無《やくむ》無明尽《むみょうじん》
乃至《ないし》無《む》老死《ろうし》　亦無《やくむ》老死《ろうし》尽《じん》

あり、「これは××である」と断定できるものなんて何もない。なのに自ら意味付けをして、そこに執着するところから煩悩が膨らんでいく。

この後は無い無いづくしが続く。

【ゆえに「空」の中には物質はない。感覚もイメージも意志も認識もない。目も耳も鼻も舌も体も心もない。形も声も香りも味も触覚も思考の対象もない。それぞれによる識別もことごとくない。無明もない。無明が尽きることもない。老いや死もない。老いや死から逃れることもない】

つまり、何ものにも実体がないのだから、何かを感じたとしても、それにこだわることはない。さらに、さまざまな煩悩の原因となる「無明」（正しい認識ができないこと）や「老いや死を克服しよう」といった思いにも、こだわらなくていい。

無《む》苦《く》集《しゅう》滅《めつ》道《どう》 無《む》智《ち》亦《やく》無《む》得《とく》
以《い》無《む》所《しょ》得《とっ》故《こ》
菩《ぼ》提《だい》薩《さっ》埵《た》 依《え》般《はん》若《にゃ》波《は》羅《ら》蜜《みっ》多《た》故《こ》
心《しん》無《む》罣《け》礙《げ》 無《む》罣《け》礙《げ》故《こ》 無《む》有《う》恐《く》怖《ふ》
遠《おん》離《り》一《いっ》切《さい》 顛《てん》倒《どう》夢《む》想《そう》 究《く》竟《きょう》涅《ね》槃《はん》
三《さん》世《ぜ》諸《しょ》仏《ぶつ》 依《え》般《はん》若《にゃ》波《は》羅《ら》蜜《みっ》多《た》故《こ》
得《とく》阿《あ》耨《のく》多《た》羅《ら》 三《さん》藐《みゃく》三《さん》菩《ぼ》提《だい》

【苦集滅道の「四諦」もない。智慧もない。悟りに到ることもない。悟らないということもない。

菩薩は仏の智慧の完成を目指しており、心にこだわりをもたず、何ものにもとらわれない。

だから恐れることなく、ものごとを逆さまにとらえたり妄想を抱くこととは遠く離れて、永遠の安らぎに入ることができた。

現在・過去・未来の仏たちは智慧を完成させて、この上もない仏の境地に到った】

仏の教えの基本である「四諦」にも、悟りにさえもこだわらない。煩悩を滅《めっ》しようとか、悟ろうとかいった思いにとらわれないからこそ、本当に安らかな境地に遊ぶことができる。これが「こだわり」「頑張り」から自由な大乗仏教の目指す道なのだ。

故《こ》知《ち》般若《はんにゃ》波《は》羅《ら》蜜多《みった》
是《ぜ》大神咒《だいじんしゅ》　是《ぜ》大明咒《だいみょうしゅ》
是《ぜ》無上咒《むじょうしゅ》　是《ぜ》無《む》等等咒《とうどうしゅ》
能除一切苦《のうじょいっさいく》　真実不《しんじつふ》虚《こ》
故《こ》説般若波《せつはんにゃは》羅《ら》蜜多《みった》咒《しゅ》
即説咒曰《そくせっしゅわつ》
羯諦《ぎゃてい》　羯諦《ぎゃてい》　波羅《はら》羯諦《ぎゃてい》
波羅《はら》僧羯諦《そうぎゃてい》　菩提薩婆訶《ぼじそわか》
般若心経《はんにゃしんぎょう》

ラストには「真言《しんごん》」（マントラ）が登場する。呪文、おまじないのようなものだ。

【ゆえに、こう心得よう。「仏の智慧の完成」とは、力強い真言であり、偉大な真言であり、無上の真言であり、類いまれな真言であり、一切の苦を取り除く、真実にして偽りのないものであると。

では、仏の智慧の完成の真言を唱えよう。

往ける者よ　往ける者よ　彼岸に往ける者よ

彼岸に見事に往ける者よ　悟りよ　幸あれ】

最後の「ぎゃてい……」の部分はもともと呪文であり、意味は明らかではない。「仏の智慧」によって何ものにもとらわれない安らかな境地に達した仏への「おめでとう」と考えてもいいし、これから私たちを導いてくれることへの「ありがとう」と思って唱えてもいいだろう。

日々の暮らしの中で「六つの心がまえ」を実践し、菩薩ゴコロに磨きをかける

私たちは菩薩である。だったら菩薩らしい振る舞いをしたいものだ。日々、普通の暮らしの中で実践できる「六波羅蜜」（左頁）を紹介しよう。

難しそうな名前だが、「波羅蜜」は「パーラミター」に漢字を当てたもので、文字そのものに意味はない。前出『般若心経』にも登場した言葉で、「あちら岸（彼岸）に渡る」を意味する。あちら岸とは、永遠の安らぎの中にある仏の世界だ。

布施とか持戒《じかい》とか言われると、なんだかできそうにない気がしてしまうが、私たちの生活に即して考えてみよう。

たとえば「布施」は、お金や物だけでなく、他人のためになる行ないも含まれる。電車の中でお年寄りに席を譲ることだって、立派な布施だ。「持戒」も「乱れた生活をしない」ぐらいに考えておけば抵抗なく馴染めるだろう。

難易度が高いのは「忍辱《にんにく》」かもしれない。辛いことがあっても、それにとらわれずに、いつまでも後を引かないような心の広さを養うのである。

怒りや嫉妬といったネガティブな感情は菩薩にもっともふさわしくない。普段から心の動きをよく観察し（禅定《ぜんじょう》）、感情が動きそうになるタイミングでブレーキをかける。習慣にしてしまえば（精進《しょうじん》）、案外すんなりできることだ。

六つの波羅蜜は独立したものではなく、同時に心がけておくべきものであろう。

菩薩としての6つの心がまえ

日々の暮らしの中で実践できる！

六波羅蜜
彼岸に到るための6つの実践

布施 思いやりをもち、お金や物だけでなく、行動も他人のために

持戒 生活を律することで、自分も周囲も気持ちが穏やかになる

忍辱 嫌な目に遭っても、いたずらにとらわれない忍耐強い心を育む　最難関

精進 時間がかかっても、たゆまず努力するよう習慣づける

禅定 気持ちを落ち着かせ、自分の心を見つめる習慣を養う

智慧 どうやって思いやりを発揮して他者を救えるのか、正しい智慧を得る

みんなを幸せにしているうちに、自分も幸せになっていた

観音さまは「慈悲の菩薩」と呼ばれている。自分のことはさておいて、すべての命あるものを救うために、「慈悲」つまり、思いやりを武器にして活躍しているからだ。

私たちは人づきあいの中で、さまざまな機会に「思いやり」らしきものを発揮している。観音さまの「思いやり」とどこが違うのだろうか。

たとえば、親が子を思いやる気持ち、恋人を思いやる気持ち、友人を思いやる気持ち。これらは似たような慈しみの気持ちであっても、「慈悲」ではなく「愛情」と言ったほうが正確だ。

愛情には愛着がともなっている。愛着とは、そこから離れられない気持ち、つまり「こだわる」気持ちである。

親が子を慈しむ気持ちは、清らかで美しいものに思える。しかし、そこには独占欲やさまざまな期待が混じっている。恋人に対する愛情にはなおさら、あれこれの欲がともないがちだ。

これら愛着をもとにした愛は「思いやり」と呼ぶにはふさわしくない。

菩薩の思いやりは、相手が親友であっても敵であっても発揮されるものだ。自分の好みや期待ではなく、相手の幸せを願う「利他」の精神がベースにある。

親友であれ敵であれ、分け隔てなく思いやることができるのは、自分と他人を区別していないか

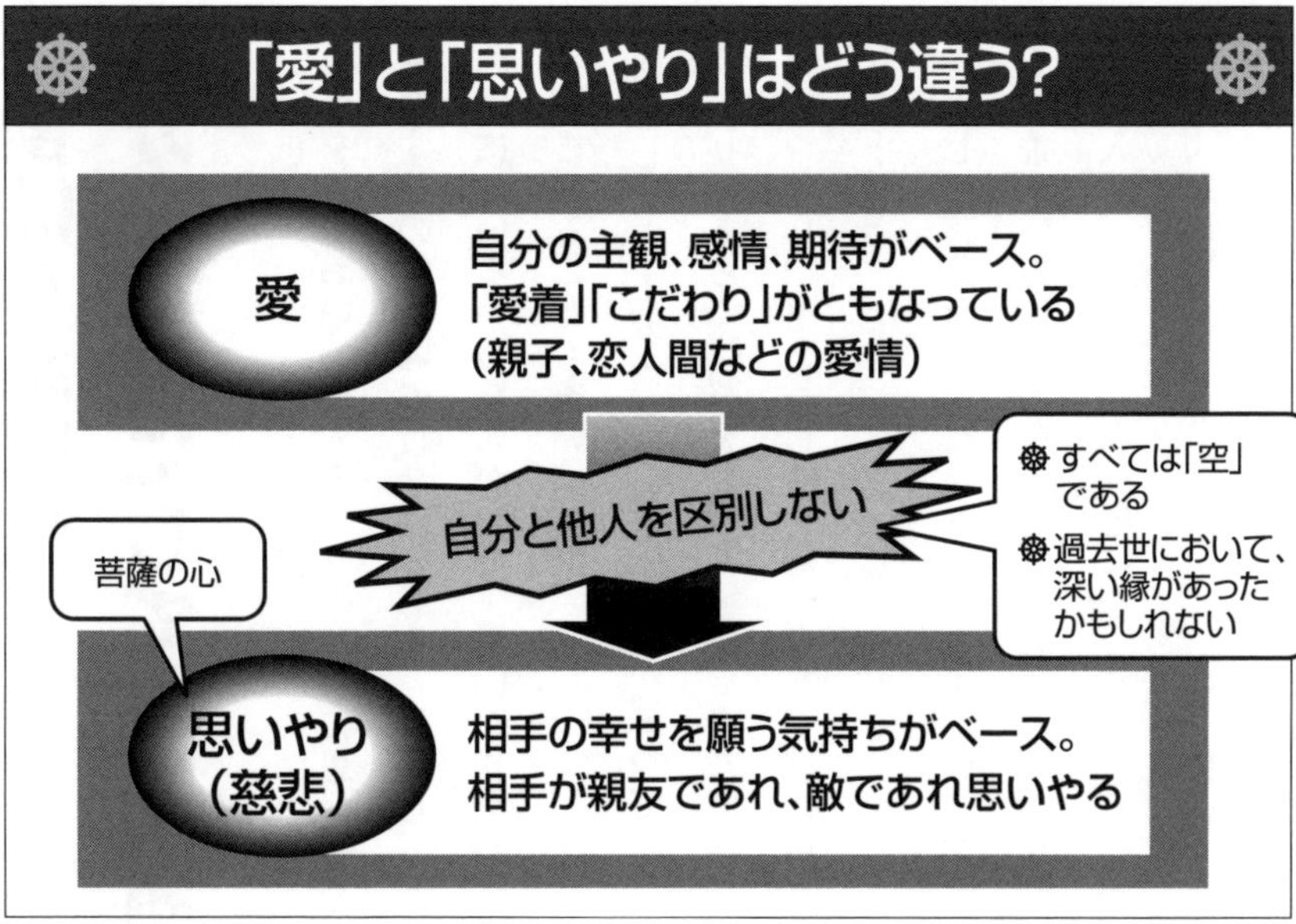
「愛」と「思いやり」はどう違う?
愛
自分の主観、感情、期待がベース。
「愛着」「こだわり」がともなっている
（親子、恋人間などの愛情）
自分と他人を区別しない
すべては「空」である
過去世において、深い縁があったかもしれない
菩薩の心
思いやり（慈悲）
相手の幸せを願う気持ちがベース。
相手が親友であれ、敵であれ思いやる

らである。そもそも、すべては「空」なのであるから「いい／悪い」や「好き／嫌い」の基準なんて当てにならない。そして、輪廻転生の考え方によれば、遠い過去世において、その人とは親子・親友だったのかもしれない。

こうした考え方を単に「考え方」としてだけでなく、心の底に染み渡らせ、行動に結びつけていくのが、菩薩としての生き方だ。

私たちは孤独ではあっても、だれひとりとして孤立してはおらず、お互いに依存し合って生きている。ひとりが幸せになれば、周りの人たちも嬉しくなる。そうやって、みんなで幸せになれるのが一番ハッピーなはずだ。その初めの一歩を踏み出してみてはどうだろう?

分け隔てのない思いやりは、みんなを幸せにする。そうなれば、あなたの幸せは自然にやって来るのである。

我慢はうぬぼれ。自分を犠牲にしてまで、頑張らなくていい

自分をさておいて他人の幸せのために思いやりを発揮するのが菩薩の行ないである。しかし、他人の中にはいろいろな人がいて、思いやりをかけても拒まれることも多いはずだ。

何をしてもネガティブな反応しか返ってこなかったり、あらぬ誤解を受けて嫉妬や怒りを呼んでしまったり、手を差し伸べたつもりが裏切られたり……。

しかし、菩薩はそんなときもへコまない。おそらく一番辛いのは本人なのだ。一人ひとりの立場を受け入れ、なぜそんな反応になってしまうのか、じっくり観察させてもらう。

激しい言葉をぶつけられたらムッとするのは当然のこと。でも、それは一瞬だけで、いつまでもこだわることなく冷静に接しよう。

これは自分ひとりでは決してできない「忍耐」のトレーニングができる貴重なチャンスかもしれない。そう考えれば、怒りや嫉妬に燃える相手を先生と呼んでもいいほどだ。

ただし、これは「我慢」とは違う。

日本人は我慢したり、理不尽《りふじん》な仕打ちに耐えたりするのを美学と見なす傾向があるが、「我慢」はもともと仏教語で、自分にこだわることから起こる思い上がり、慢心《まんしん》を意味するのだ。

つまり、自分にうぬぼれ、自分のことが大切だからこそ、弱みを見られないよう耐えるのである。

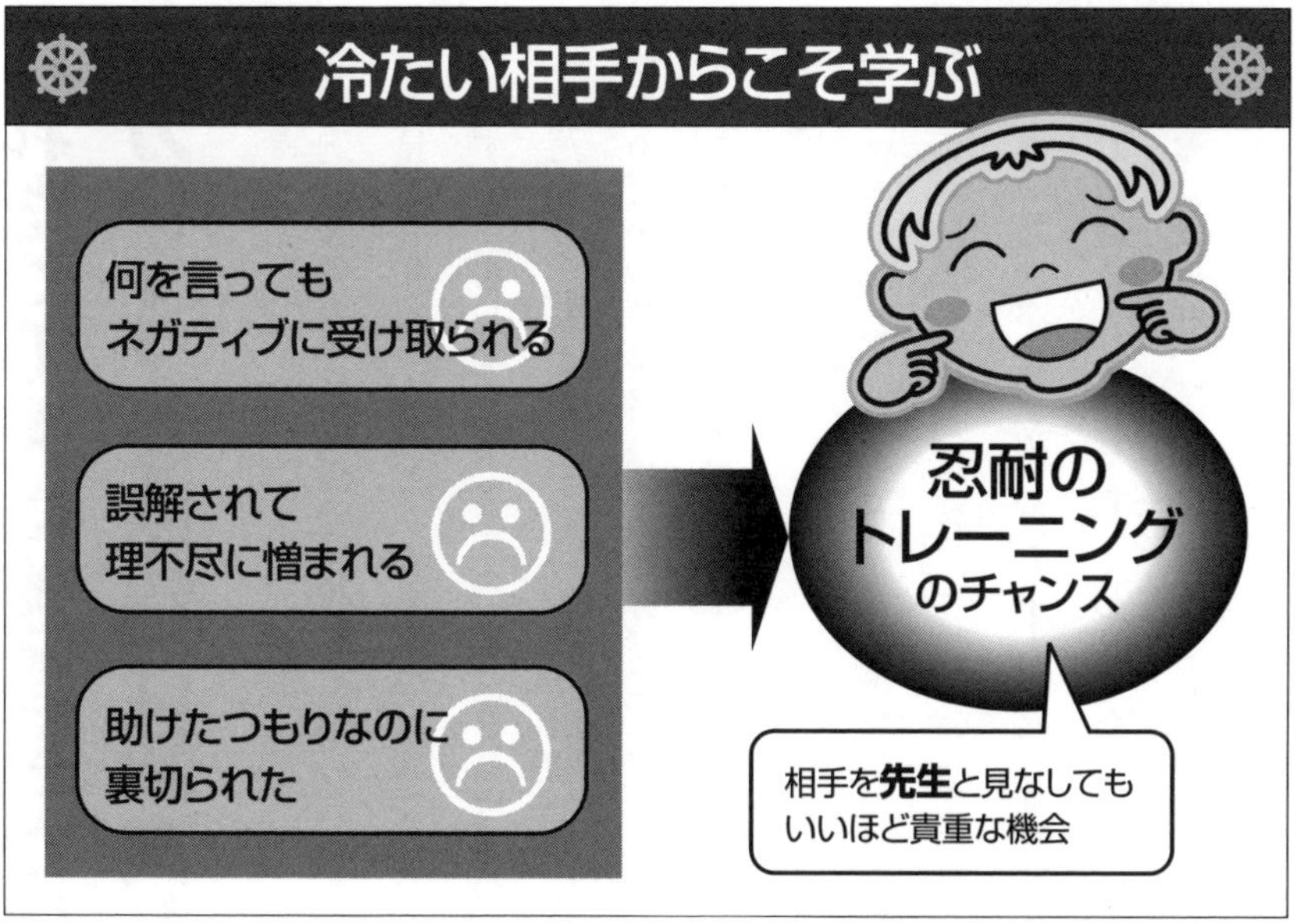
冷たい相手からこそ学ぶ
何を言っても
ネガティブに受け取られる
誤解されて
理不尽に憎まれる
助けたつもりなのに
裏切られた
忍耐の
トレーニング
のチャンス
相手を**先生**と見なしても
いいほど貴重な機会

菩薩は自分を守るためではなく、相手にこれ以上の痛みをもたらさないよう、思いやりの結果として、冷たい言葉を甘んじて受け入れる。そして、嵐が過ぎ去るのを待ち、相手が冷静になったら再び穏やかに接する。

とはいえ、私たちはまだまだ初心者マーク付きの菩薩。そんなにスマートにはできそうもない。感情的になってしまうこともあるだろう。しかし、それならそれでかまわない！

菩薩だ利他だ、とこだわってストレスをためるより、その場から逃げ出すなりして、感情に流されることを避け、冷静になるのが先だ。

「こだわる」「頑張る」「我慢する」――どれも日本人が大好きな美徳だが、疲れるばかりで、心の安らぎから遠ざかる原因となる。

くれぐれも「自分だけが我慢すれば……」なんて頑張らないことをお勧めする。

だれだって人に迷惑をかけながら生きている。ネガティブな感情は颯爽とスルー！

お釈迦さまの人生はとかく美化して語られがちだが、見方を変えてみると、人を傷つけるようなこともずいぶんしている。王子の地位をなげうつならまだしも、妻子を捨てていきなり出家してしまったのだから。また、相手の身分にこだわらない人づきあいをしたため、プライドを傷つけられた人も多いだろう。

お釈迦さまの二大弟子であるサーリプッタとモッガラーナはもともとサンジャヤという修行者の弟子だった。ふたりが二百五十人の修行仲間と一緒にお釈迦さまに鞍替えしてしまったため、サンジャヤは血を吐いて憤死したとされている。

よかれと思ってやったことが、すべての人によい結果をもたらすとは限らない。お釈迦さまだってこうなのである。私たちならなおさら、思いがけず人に迷惑をかけていることは多いはずだ。

「人に迷惑をかけないように」

私たちはそう言われて育ってきた。しかし、いくら気をつけても迷惑はかかる。

あなたが電車に乗るから、満員電車は余計に混雑する。あなたが出世したために、だれかがひとり出世コースから外された。生きているだけでエネルギーを消費し、二酸化炭素を排出し、地球温暖化を加速させているかもしれない。あなたの食料として動物が殺される。

私たちはお互いに依存し合って、影響を及ぼし

人は迷惑をかけ合って生きている
普通に暮らしていても迷惑はかかる
受けた迷惑に
ネガティブに反応する
受けた迷惑にこだわらず
スルーする
お互いに気分が悪く、
負の感情が連鎖
負の感情の連鎖は
避けられる

合っている。だから「みんなで幸せに」を目指すことができる。しかし、悪い影響をも共有しており、「みんなで不幸に」となる可能性もある。

自分が悪い影響、つまり迷惑を被る立場となった場合、怒りが湧いてくるのは当然だ。すでに何度も繰り返しているように、その怒りにいつまでもとらわれないのが菩薩の心である。

原始仏典『ダンマパダ』には次のような言葉がある。

「怨みかえすことでは、怨みは決して静まらない。怨みかえさないことによって静まる」

みんなが迷惑をかけ合って成り立っているのがこの世の中だ。自分の行動も含めて、常識外れのもの以外には、いちいちネガティブな反応をしないで大目に見てあげよう。六波羅蜜の「忍辱」の精神で颯爽《さっそう》とスルーして、不幸な感情の連鎖をストップするのが菩薩にふさわしい行ないだ。

人類が生み出した悪魔？お金とどうつきあうのか

お釈迦さまの時代には、修行者がお布施を金銭で受け取ることは禁じられていた。金の貸し借りや、商売をして利益を上げることも、必要以上の財をため込むことも禁じられていた。

お釈迦さまが亡くなって百年後、お経の改訂のための会議（第二結集）が開かれた時代には、すでに貨幣経済が発達しており、僧侶も現金なしには身動きがとれなくなっていた。お金で布施を受け取ることの是非を巡って、仏教界は上座部と大衆部に分裂してしまった（根本分裂）。

お金あるいは財産というものは、あれば守りたくなるし、もっと増やしたくなる。使いもしないのに、もっているだけで嬉しくなってしまう。強い執着をもたらす魔力をお釈迦さまは知っていたのだろう。いくつか有名な言葉を残して、富への執着を戒めている。

「たとえヒマラヤに等しい黄金の山があったとしても、ひとりの人を満足させるには足りない」（『ウダーナ・ヴァルガ』より）

「金銀の山があっても、たとえそれを二倍にしても、ひとりの人を満足させることはできない」（『サンユッタ・ニカーヤ』より）

私たちの生活にお金は欠かせない。しかし、「今は何でもやって稼ぎまくって、いずれはお金に煩わされない人生を送りたい」という望みが実現したという話はあまり聞かない。いつまでたっても

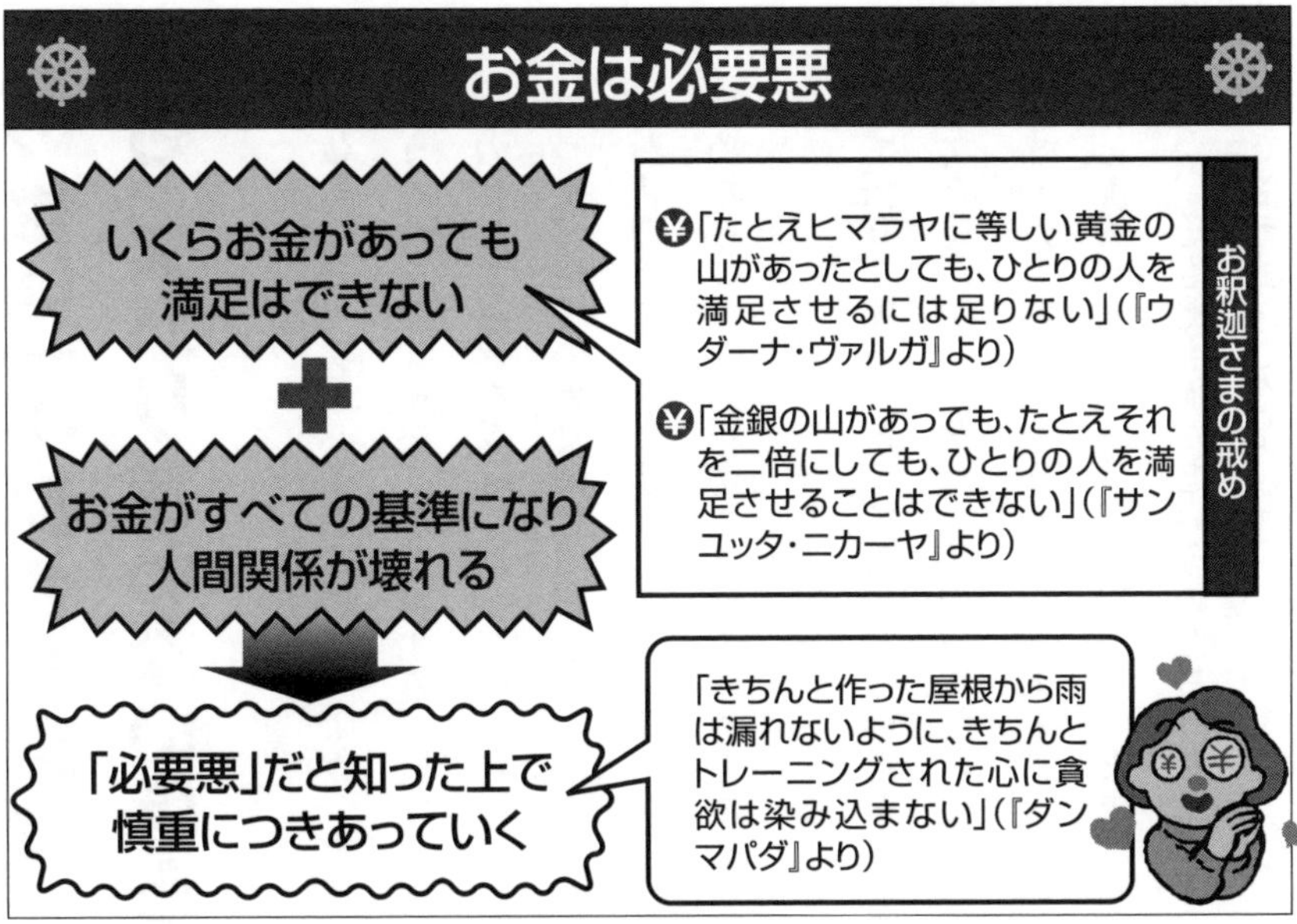
お金は必要悪
いくらお金があっても満足はできない
お金がすべての基準になり人間関係が壊れる
「必要悪」だと知った上で慎重につきあっていく
お釈迦さまの戒め
「たとえヒマラヤに等しい黄金の山があったとしても、ひとりの人を満足させるには足りない」（『ウダーナ・ヴァルガ』より）
「金銀の山があっても、たとえそれを二倍にしても、ひとりの人を満足させることはできない」（『サンユッタ・ニカーヤ』より）
「きちんと作った屋根から雨は漏れないように、きちんとトレーニングされた心に貪欲は染み込まない」（『ダンマパダ』より）

「もっと稼ぎたい」「蓄えがないと安心できない」「蓄えは多いほどいい」と結局、お金に追いかけられることになる。

お金自体も怖いが、時間や人の価値までもお金に換算してしまう考え方も、人としての幸せとは正反対のものだ。お金がさまざまな愛憎を引き起こし、人間関係を壊していく。損得勘定だけで「いい／悪い」「必要／要らない」「役に立つ／役に立たない」を判断する価値観とは距離を置いたほうがいい。

「きちんと作った屋根から雨は漏れないように、きちんとトレーニングされた心に貪欲は染み込まない」（『ダンマパダ』より）

お金から逃れることは不可能であるし、逃れる必要もない。しかし、必要だけれども魔力を備えたものだと知った上で気持ちよく使おう。くれぐれも、お金に使われないように！

この世は「不都合な真実」だらけ。でも、ズバリ言わないほうがいいこともある

原始仏典『スッタニパータ』に、マーガンディヤというバラモン（司祭）が登場する。彼はお釈迦さまの教えに感銘を受け、ひとり娘を嫁にやろうと思った。絶世の美女として知られる娘を盛装させてお釈迦さまの前に連れてきて、嫁にもらうよう勧めたところ、お釈迦さまはこう答えたという。

「かつて悟りを開こうとして瞑想していたとき三人の美女を見たが、彼女たちと交わりたいという欲望はまったく起こらなかった。三人とは、愛執と嫌悪と貪欲である。（目の前の）この糞尿に満ちた女が、そもそも何だというのだろう。私はそれに足でさえ触れたくない」

『スッタニパータ』ではこの後、真っ当な説法が続く。後に両親は揃ってお釈迦さまの弟子となった。ところが、おさまらないのが「糞尿」と言われた娘である。

彼女は後に、やはりお釈迦さまの熱心な弟子であったウデーナ王の第二夫人となる。そして、説法に訪れたお釈迦さまに何度も嫌がらせをするなど数々の悪行をなした悪女として伝説に名を残すことになってしまった。

お釈迦さまにしてみれば、「糞尿」云々は、娘に強く執着している両親を苦しみから救う意図で口にしたのだろうし、両親はそれを正しく理解した。しかし、言われた本人はたまらない。たしか

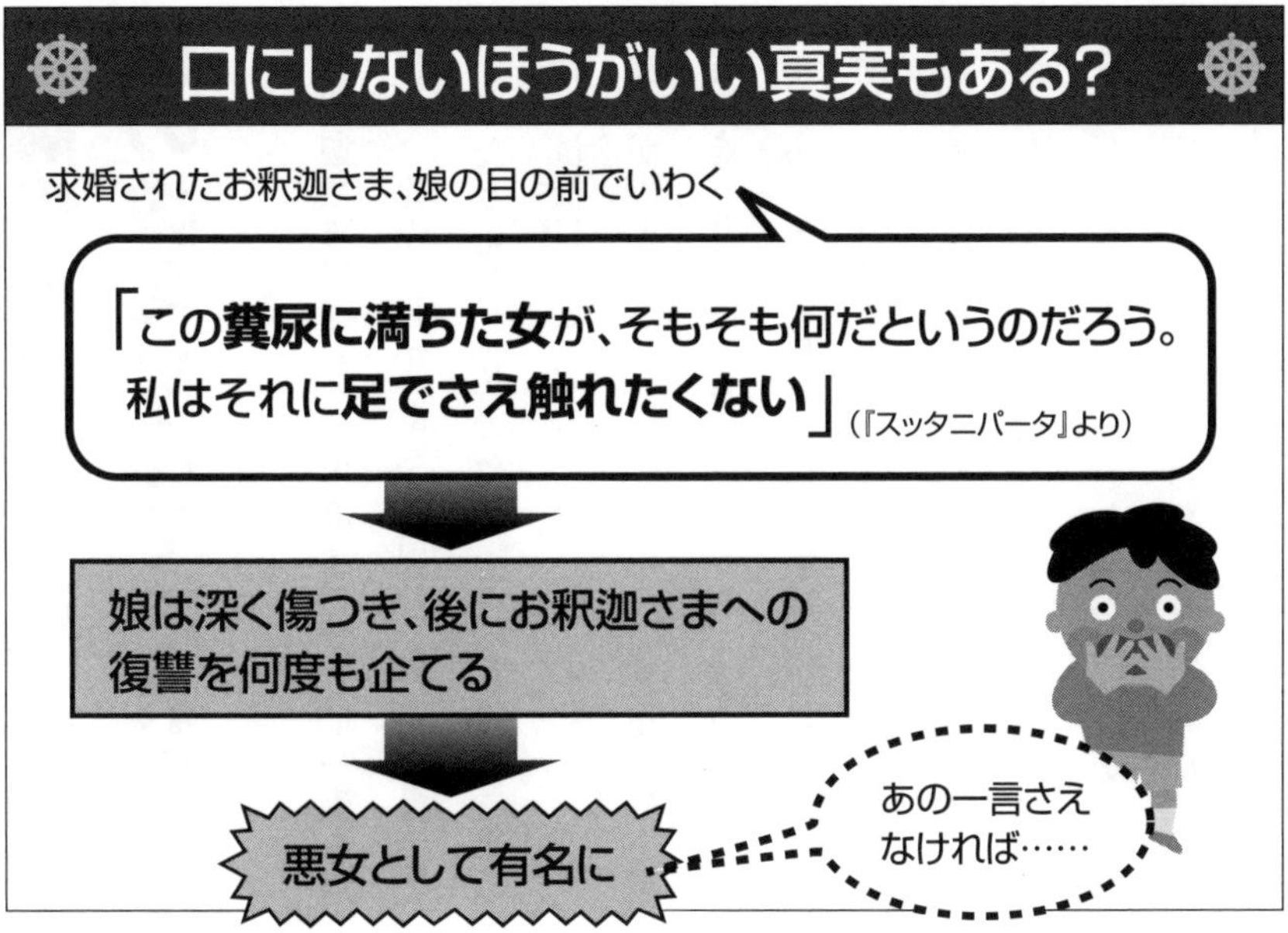

口にしないほうがいい真実もある？
求婚されたお釈迦さま、娘の目の前でいわく
「この糞尿に満ちた女が、そもそも何だというのだろう。私はそれに足でさえ触れたくない」
（『スッタニパータ』より）
娘は深く傷つき、後にお釈迦さまへの復讐を何度も企てる
悪女として有名に
あの一言さえなければ……

に、肉と皮の中に糞尿が詰まっているのが人間だが、甘やかされて育ったであろう彼女は深く傷ついたはずだ。それだけが原因ではないと思うが、後の人生が大きく狂ってしまった。

すべては「空」である。愛する人に裏切られるかもしれないし、いつかは別れが来る。いくら仕事を頑張ったって、結局は会社に競争心を煽られて利用されているにすぎない。——それは真実かもしれないが、人前でズバリ言ってしまうと、きっと大きな波風が立つだろう。

たしかに世の中は「不都合な真実」に満ちている。しかし、それを守ろうとする世の中全体を敵にまわしても、おそらく勝ち目はない。

そもそも「敵」とか「戦おう」なんて「こだわり」は人生を窮屈《きゅうくつ》にする。一歩引いた視線で「不都合な真実」をしっかり見つめ、「人間ってのは、しょうがないなあ」と、やり過ごすのが得策だ。

菩薩の心はもう私たちの中にある。仏の教えなんて忘れてしまおう！

お釈迦さまはガンジス川流域を旅して一生を過ごした。そのせいか、よく「悟り」を「川を渡る」ことにたとえた。「仏の教え」は、お釈迦さまの時代では筏《いかだ》にたとえられる。

「旅人が川を渡ろうとして、いろいろな材料を集めて筏を作り、向こう岸に渡った。ありがたいものだからと筏を背負って旅を続けている旅人は、賢者だろうか、愚か者であろうか」

お釈迦さまはそう弟子たちに問いかけて、仏の教えはあくまで道具であって、それ自体にいつまでもこだわるべきではないと戒めた。用が済んだら捨ててしまってもかまわないものなのだ。

明治時代の原坦山《はらたんざん》という禅僧・インド哲学者に、こんな有名なエピソードがある。

友の僧侶と旅をしていて川にさしかかる。橋も船もない川辺で、若い娘が渡れずに困っていた。坦山禅師は娘に声をかけ、ひょいと抱きかかえて川を渡してやった。無事対岸に渡った娘は礼を言って去って行った。

旅は続く。一緒に川を渡った友の僧侶はしばらく黙って歩いていたが、急に怒り出した。

「禅僧の身で、娘を抱くとは、けしからんじゃないか！」

坦山禅師はとぼけて言った。

「ああ、あの娘のことか。もう忘れていたよ。お前はあれからずっと抱いていたのか？」

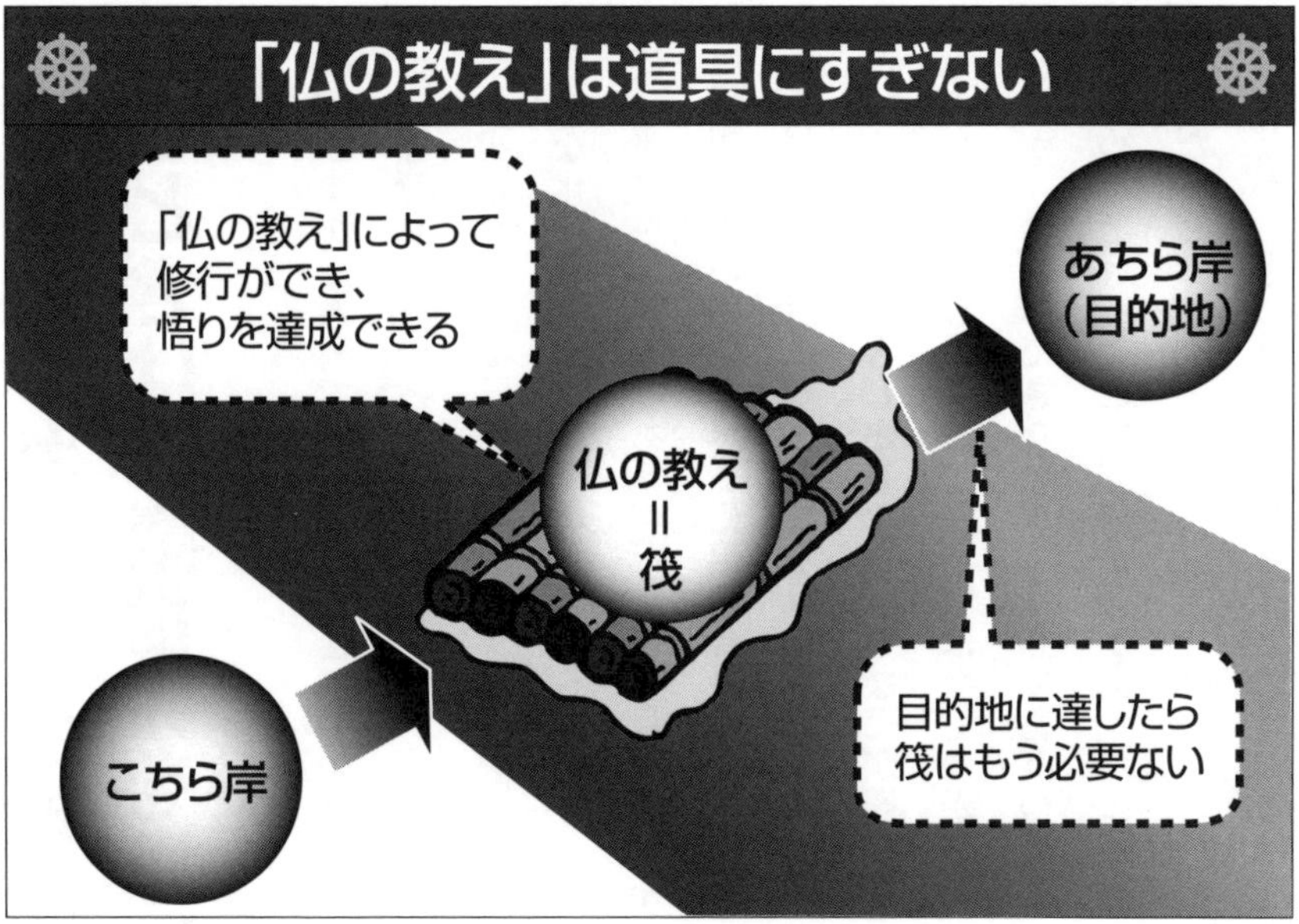
「仏の教え」は道具にすぎない
「仏の教え」によって
修行ができ、
悟りを達成できる
あちら岸
（目的地）
仏の教え
＝
筏
目的地に達したら
筏はもう必要ない
こちら岸

女性との接触は出家僧にとって好ましくないのだ。しかし、そんなルールにこだわらず、困っている女性を躊躇《ちゅうちょ》なく助けた。そして女性の肌に触れたことへのこだわりもなく、そこから煩悩が生まれることもない。

戒律は習慣などによる執着から煩悩が生じる芽を摘むための道具であり、そんなものがなくても執着が生じない境地に達していれば、戒律にこだわらなくてもよいのだ。

私たちはまだまだ菩薩としては一歩を踏み出したばかりだが、いつもいつも仏の教えを意識していたら、きっと窮屈な人生になってしまうだろう。いろいろと知っておくことは大切だが、いったん忘れてしまってもかまわない。

私たちの中にすでに備わっている菩薩としての心は、必要なときになれば、きっとそれにふさわしい教えを思い出すはずだ。

お寺に魅かれるのは「郷愁」？ときどきは極楽世界を思い出そう！

観音さまが主人公である『観音経』というお経には、「観音菩薩は娑婆《しゃば》世界に遊びにいらしている」と書かれている。私たちの世界（娑婆）にさまざまな化身となって姿を現しているという。その姿は実にさまざまであり、だから観音菩薩は非常に種類が多い。救うべき相手に合わせて、国王から子どもまで何にでもなれるそうだ。

ということは、もしかしたら、あなたが観音さまそのものかもしれない。そうではないのかもしれないが、否定はできない。こうして菩薩の道を歩み始めたということは、何か縁があったに違いないのだ。

なぜだかお寺に魅かれてしまうということはないだろうか。

お寺にはもともと、僧侶が修行をする「僧院」、一般の信者が教えに触れる場所「寺院」としてのはたらきがある。

そしてもうひとつ、仏さまの世界をこの世に映し出すディスプレーの役割も果たしている。

お寺のメインは本堂に祀《まつ》られたご本尊だ。たとえばそれが阿弥陀如来であれば、両脇には助手の観音菩薩や勢至《せいし》菩薩がいるだろう。そして周辺の「荘厳《しょうごん》」と呼ばれるきらびやかなデコレーションは、阿弥陀さまの住む世界である極楽浄土そのものである。

私たちがお寺に魅かれてしまうのは、観音菩薩

お寺は仏の世界そのもの
お寺の役割
僧侶が生活をし、修行をする場所（僧院）
説法を聞くなど、信者が教えに触れる場所（寺院）
仏の世界を再現する空間
仏の存在を常に身近に感じ、
菩薩としての心がまえを
再認識できる!

である私たち自身にとってのふるさと、極楽浄土を懐かしく思う「郷愁」なのかもしれない。

数々の仏像は決して美術品などではなく、あなた自身であり、親しい友人たちでもある。お寺という空間を訪れることで、極楽浄土そのものに足を踏み入れて、この世にいながらにして仏の世界を感じられる仕掛けだ。

そして私たちの中にある菩薩の心をあらためて確認し、阿弥陀如来や観音菩薩の発するパワーをいただいて日常生活に戻っていける。

仏の教えにこだわらないのが大乗仏教の道ではあるものの、本当にキレイさっぱり忘れていないだろうか。それをときどきチェックする意味で、観音さまたちがお寺に招いてくれているのかもしれない。

心の赴くままに、お寺で「極楽」気分を味わっていただきたい！

コラム

アレもコレも仏教語！③　「修羅場」編

【阿鼻叫喚（あびきょうかん）】……八階層あるとされる地獄のうち最下層の地獄を「阿鼻地獄」「無間地獄」と呼ぶ。剣の生える山を登らされ、熱湯の釜に落とされる。

【オシャカ・オダブツ（おしゃか・おだぶつ）】……「お釈迦」「お陀仏」（阿弥陀仏）と書く。死ぬと仏になると考えられることから「ダメになる」の意味になった。

【覚悟（かくご）】……「覚」も「悟」も「さとり」の意味がある。「真理を明らかに悟って、これ以上先には行けない」という意味が、「力を尽くしたが、これ以上は無理」というあきらめの意味に転じた。

【勘弁（かんべん）】……禅の用語で、問答などによって相手の力量を見きわめること。転じて「配慮する」の意味に（諸説あり）。

【愚痴（ぐち）】……仏教語の「愚癡」（仏の智慧を知らないこと）に由来する。「貪欲」（貪ること）、「瞋恚《しんい》」（怒りの心）とともに「三毒」と呼ばれる、人間のもっとも根本的な煩悩。

【修羅場（しゅらば）】……修羅はサンスクリット語の「アスラ」で、六道のうち修羅道に住み、戦いに明け暮れている。

【奈落（ならく）】……「奈落の底」のように使われる。サンスクリット語の「ナラカ」（地獄）の音写。つまり地獄そのもののこと。

第四章
生き方のキーワードを見つけよう

【自灯明・法灯明】
答えは自分の思いと行動で見つけていく

病に倒れ、死期を悟ったお釈迦さまが弟子のアーナンダにこんな言葉を残している。

「この世において、自分自身を島とし、自分自身をよりどころとし、他人をよりどころとせず、法（仏の教え）を島とし、法をよりどころとし、他のものをよりどころとしないように」

「島」は漢訳仏典では「灯明」という意味にも解釈され、後に「自灯明・法灯明」の教えと呼ばれるようになった。

亡くなる直前にこう説いたのは、教団が巨大化するにつれ、お釈迦さまという偉大すぎる人間そのものを神格化し、依存する傾向への警戒感があったからだろう。だれかに頼るのではなく、その教えそのものを学び、自らの判断で行動に移す。これをもっとも大切な心がまえとして弟子に託したのだ。

おそらく、特定の指導者を無批判に崇拝したり、教えの意味も学ばず仏像を拝んだり、読みもしない経典をありがたがったりといった行ないをお釈迦さまは戒めたかったはずだ。あいにく世の大勢はそういった方向になびいてしまったけれど、幸い「自灯明・法灯明」という戒め自体はしっかりと伝えられている。

お釈迦さまが「法灯明」の前に「自灯明」をもってきた意味は大きい。「規則で決まっているからやらなければならない」ではなく、まず自分の考

自分で考えて決める!

「自灯明・法灯明」の教え

**自分自身を灯明とし、
自分自身をよりどころとし、
他人をよりどころとせず、
法(仏の教え)を灯明とし、
法をよりどころとし、
他のものをよりどころとしないように**

お釈迦さま自身の神格化、指導者への依存などを戒めた遺言

(お釈迦さまが臨終直前に弟子アーナンダに語った言葉)

えと意志が大切なのだ。命令通りにやるのなら機械でもできる。自分で判断し、ときには批判してこそ人間なのである。

世間で言われる「宗教に入る」というのは、「法の支配を受ける」という意味で受け取られることが多い。実際、独特の規律によって信仰へのモチベーションを高めるような宗教もある。しかし、仏の教えは「入る・入らない」ではなく、自分で勝手に始めるものだ。

また、仏の教えは、お釈迦さまが一人ひとりと対話をし、相手に合わせてケースバイケースで説いた事例集である。中には矛盾する教えも多数存在する。そこから自分に適したものを選び、実行していくのは自らの意志である。

「自己こそ自己の主である。他のだれが主であろうか。自分自身がよくコントロールできたならば、最高の主となる」(『ダンマパダ』より)

【分別】
「私」「私のもの」へのこだわりが不安を呼ぶ

「分別がある」といえば、普通はいい意味である。世の中の常識をわきまえているということだ。しかし、もともとは仏教語であり、「私」と「それ以外」、あるいは、あるものと他のものとの間に境界線を引いて区別することをいう。

自他を区別すると「私は他の人とは違う」という意識、そして、「これは私のもの」という意識が生まれる。その結果「上に立ちたい」「美しく見られたい」「負けたくない」といった「私」に執着する煩悩が、そして、「もっと欲しい」「私だけのもの」「取られたくない」と「私のもの」に執着する煩悩が生まれる。

こうして私たちは、たえず他者との間に勝手な境界線を引き、「私」や「私のもの」にとらわれて一喜一憂しているのだ。

そもそも「私」が確かなものだと思い込むところから誤りが始まっている。「私」は常に移り変わっている。他の何かとの関係性の中でお互いに支え合って存在しているだけで、確かな「私」など存在しないのだ。

私たちは、敵・味方、善・悪などを基準にして「分別」しないといられない存在だ。しかし、その判断の基準や世の中の常識とやらはあまりにあやふやで、移ろいやすい。苦しみを招き入れないために、できるだけ「分別しない人」になりたいものである。

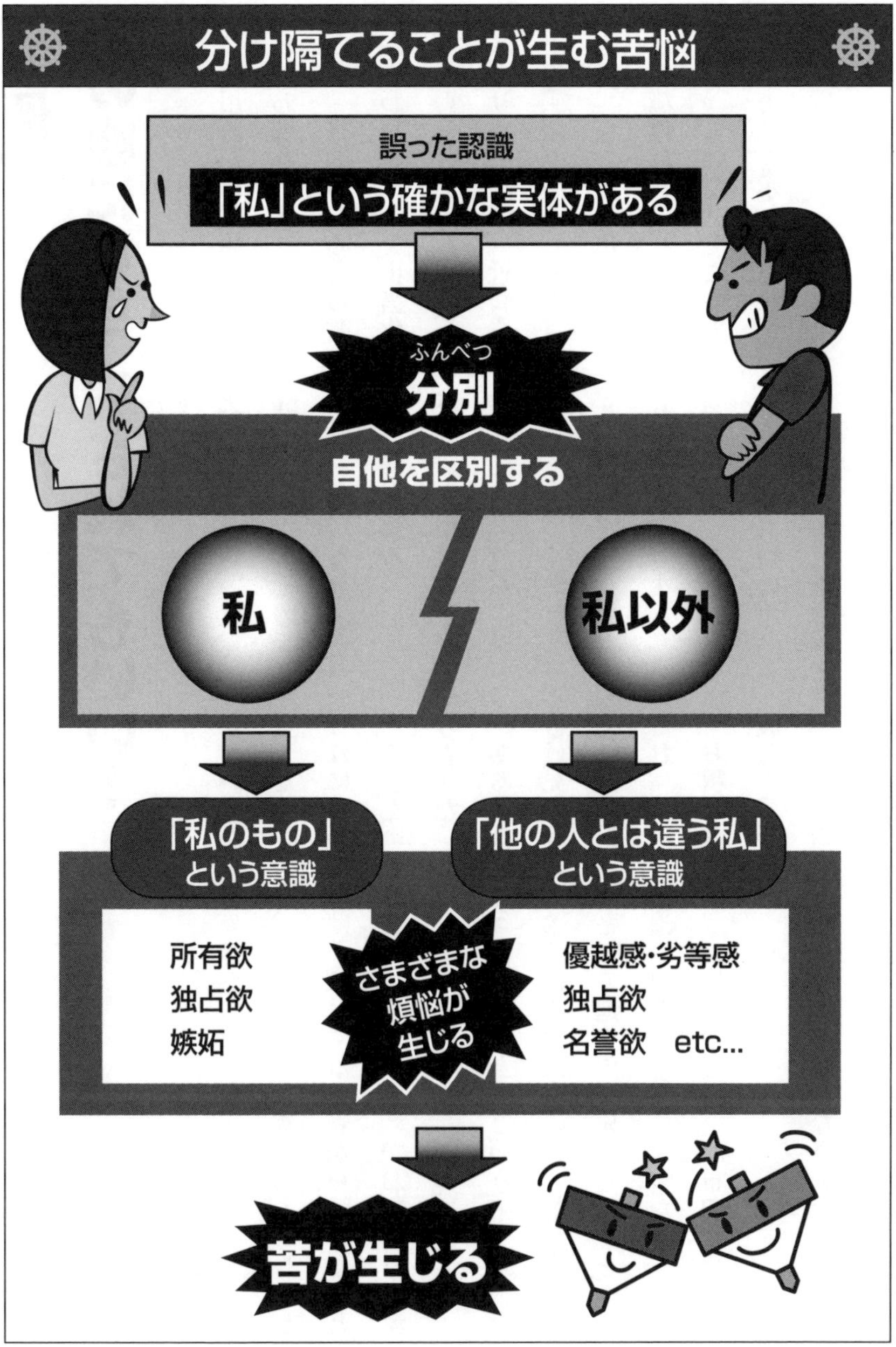
分け隔てることが生む苦悩
誤った認識
「私」という確かな実体がある
分別《ふんべつ》
自他を区別する
私
私以外
「私のもの」という意識
「他の人とは違う私」という意識
所有欲
独占欲
嫉妬
さまざまな煩悩が生じる
優越感・劣等感
独占欲
名誉欲　etc...
苦が生じる

【方便】
仏の嘘になら、騙されてもいい！

仏教用語が日常語に転じた場合、あまりいい意味に使われないことが多い。「嘘も方便《ほうべん》」もそのひとつ。目的のためなら嘘偽りも辞さず、なりふりかまわないことを正当化するのに使われる。

もともとはそんな意味ではない。「方便」はサンスクリット語で「近づく」を意味する「ウパーヤ」の訳語である。何を目的地にして近づくかといえば、もちろん仏の世界、悟りの境地だ。

仏の境地はあまりに遠い。これはお釈迦さまもよく知っていた。そこで人それぞれ、少しでも近づける方法を示してくれた。ときには嘘もついたし、奇妙な命令をして弟子を困らせたりもした。

たとえば、子を亡くした母親に「死人を出していない家から白カラシの種をもらってこい」（六〇頁）というのも、どう考えても嘘である。しかし、これによって母は子に対する執着から離れることができた。こうした「うまい手」がお釈迦さま流の方便だ。

あるいは、チューラパンタカという弟子がいた。彼は兄の誘いで弟子になったものの、物覚えが悪くて勉強が遅々として進まず、兄にも愛想をつかされ、教団から追い出されそうになった。

お釈迦さまは、自分の手を拭いた布切れを彼に渡して言った。

「この清らかな布に心を集中しなさい」

チューラパンタカは、どんなに清らかな布も汚

近づいていく過程が尊い

大きな目標＝悟りの境地
目標に向かって近づくこと
方便
広い意味では、**仏像や経典、お釈迦さまの説話、仏教儀式**なども、信仰のモチベーションを高める方便と言える。お釈迦さまがいたということ自体も方便であったという説もある

れるということから「諸行無常」を体得することができたという。

目的地があまりに遠いと感じたとき、私たちはやる気をなくしたり、あきらめそうになったりすることがある。しかし、本当は、そこに向かって近づいていく歩み自体が大切なのだ。人それぞれの「方便」を通じて、お釈迦さまはそう教えてくれている。

今の仏教に欠かせない数々の仏像や複雑化した儀式は、決してお釈迦さまが定めたものではない。しかし、私たちが仏の教えを忘れないよう、方便として役立っているのだから、お釈迦さまはきっと許してくれるだろう。

余談だが、今の中国語で「方便」は「便利」の意味になる。コンビニエンスストアは「方便店」、インスタントラーメンが「方便麵」。日本でも中国でも、仏教語の末路はどうも浮かばれない。

【布施】お金などなくてもお布施はできる！

お布施というと、お坊さんに払う戒名《かいみょう》料や法事に来てくれたお礼というイメージがある。「多めに渡しておかないと後が大変」とばかりに、ご先祖さまを人質にとられたような被害者意識にかられて払っていることさえある。

しかし、そもそもお布施というのは、相手を問わず喜んで施しをすること。六波羅蜜（八二頁）の筆頭にもあげられており、「みんなで幸せになろう」という菩薩としての志から生じる行ないである。決して「くれてやる」といった上からの目線や、何か見返りを期待する下心で行なうものではない。布施は「喜捨《きしゃ》」とも呼ばれるように、「みんなで役立ててください」という気持ちで、いったん捨てたつもりで分かち合うものなのだ。

さらに、お布施というのはお金に限らない。仏の教えを伝えたり、悩んでいる人を慰めることも布施である。『雑宝蔵経《ぞうほうぞうきょう》』という経典には、だれにでもできる「無財の七施」が説かれている。日々、思いやりをもって穏やかに人に接しようと努めることが何よりの布施となり、身の回りのみんなを幸せにする。

布施は「代価」ではないし、そこに「相場」など存在しない。何でもお金に換算してしまう今の世の中には馴染まない概念だ。だからこそ、ものごとをお金で計らない価値観もあるのだと教えてくれる布施という行為には大きな意味がある。

お金だけがお布施じゃない

布施（三施）

財施《ざいせ》	お金や食事·衣服を施す
法施《ほうせ》	仏の教えを説く
無畏施《むいせ》	恐れを取り除く

無財の七施

だれにでもできる布施

慈眼施《じげんせ》	やさしいまなざしで接する
和顔施《わげんせ》	なごやかな温かい表情で接する
言辞施《ごんじせ》	思いやりのこもった温かい言葉で話す
捨身施《しゃしんせ》	体を動かして奉仕をする
心慮施《しんりょせ》	思いやりの心をもって接する
床座施《しょうざせ》	すすんで座席や居場所を譲る
房舎施《ぼうしゃせ》	雨露をしのげる場所をすすんで提供する

【回向】幸せは、天下の回りもの

俗に「金は天下の回りもの」「お金に名前は書いてない」などと言われる。仏の世界では、さしずめ「善行は天下の回りもの」「思いやりに名前は書いてない」とでも言おうか。

「回向《えこう》」とは、よい行ないは、だれか特定の人のためのものではなく、めぐりめぐって多くの人々のためになる、というコンセプトだ。

電車の中でお年寄りに席を譲ってあげたら、喜んでくれた。普通はこれで完結する。思いやりの心には、はっきりと「但《ただ》し、目の前のおばあちゃんのために」と書かれている。

一方、「踏みつぶしそうになったアリを助けてあげた」とか「だれも見てなかったけど、落ちていたゴミを拾ってゴミ箱に入れた」など、だれのためなのか一見よくわからない行ないもある。

そもそも、利他の心をもつ菩薩のつもりで生きる私たちは、「私」のためだけに思いやりを発揮するような心の狭い人間ではないはずだ。そして、「私」と親しい特定のだれかが幸せになればいいとも思っていない。

みんなで幸せになろう。これが菩薩の心がけであった。

「回向」の考え方によれば、私たちが発揮した思いやりは大きく大きく広がって、知らない人も含めて、多くの人たちを幸せにしている。「××のため」というこだわりから自由な思いやり。まさ

思いやりはみんなを幸せにする
菩薩は自分だけの幸せにこだわらず、
利他の心で「みんなで幸せに」を目指して善行をする
「だれのため」「何のため」にはこだわらない
回向
善行はめぐりめぐって
みんなを幸せにする

に菩薩にふさわしい行ないだ。

「私ひとりがやっても仕方がない」なんて嘆《なげ》くことはない。きっとめぐりめぐって、どこかでだれかが、ちょっとずつ幸せになっている。

考えてみれば、前述の座席を譲る話でも、その光景を目にした車内の人たちは少しずつ幸せを感じたはずだ。そのことを家庭や職場で話すかもしれないし、それがきっかけで「次は私がやろう」と思う人もいるだろう。

私たちはお互いに密接に関係し合って生きている。よい行ないも悪い行ないも周囲に影響を及ぼす。世界が狭くなった今では、一人ひとりの思いや行動が伝わっていく範囲はとてつもなく広い。

思いやりの連鎖反応は、人の輪の中で確実に広がっていく。「回向」は単なる「考え方」ではなく、よい行ない、思いやりというものがもつ本来の性質なのである。

【遊戯】

「遊び」だと思えば気が楽になる

「子どものお遊戯《ゆうぎ》」というときに使う「遊戯」を「ゆげ」と読むと、菩薩や仏の心持ちを表わす仏教語になる。意味は、子どものお遊戯と同じく「遊び戯《たわむ》れる」。そう、仏も遊び戯れるのである。

悟りを得た者は、清浄な世界である浄土に仏として生まれ、もう私たちの世界には生まれてこない。では、私たちに対して知らんぷりかといえば、幸いそんなことはない。

古代インドの僧ヴァスバンドゥ（天親《てんじん》）は『浄土論』（『往生論』）という論書（仏の教えの解説書）の中で、浄土に生まれた仏がさらに功徳を積む五段階のステップを「五功徳門」（『五果門』）として綴っている。

まずは浄土にある阿弥陀如来の宮殿に近づき（近門《ごんもん》）、説法を聞く仲間に入る（大会衆門《だいえしゅもん》）。さらなる修行によって宮殿に立ち入り（宅門《たくもん》）、部屋に通されて（屋門《おくもん》）教えを満喫する。

そして最後が肝心。いったん入った宮殿をあえて出て、庭園で遊び戯れる（園林遊戯地門《おんりんゆげじもん》）。つまり、悩み多き私たちの世界にいろいろな姿で遊びに来て、救いの手を差し伸べることを楽しむのだ。

仏は自由気ままにこの世界を遊び回り、気の赴くままに私たちを浄土に導く。それを義務として気負ってやるのではなく、遊びとして軽やかに楽しんでこそ仏なのだ。

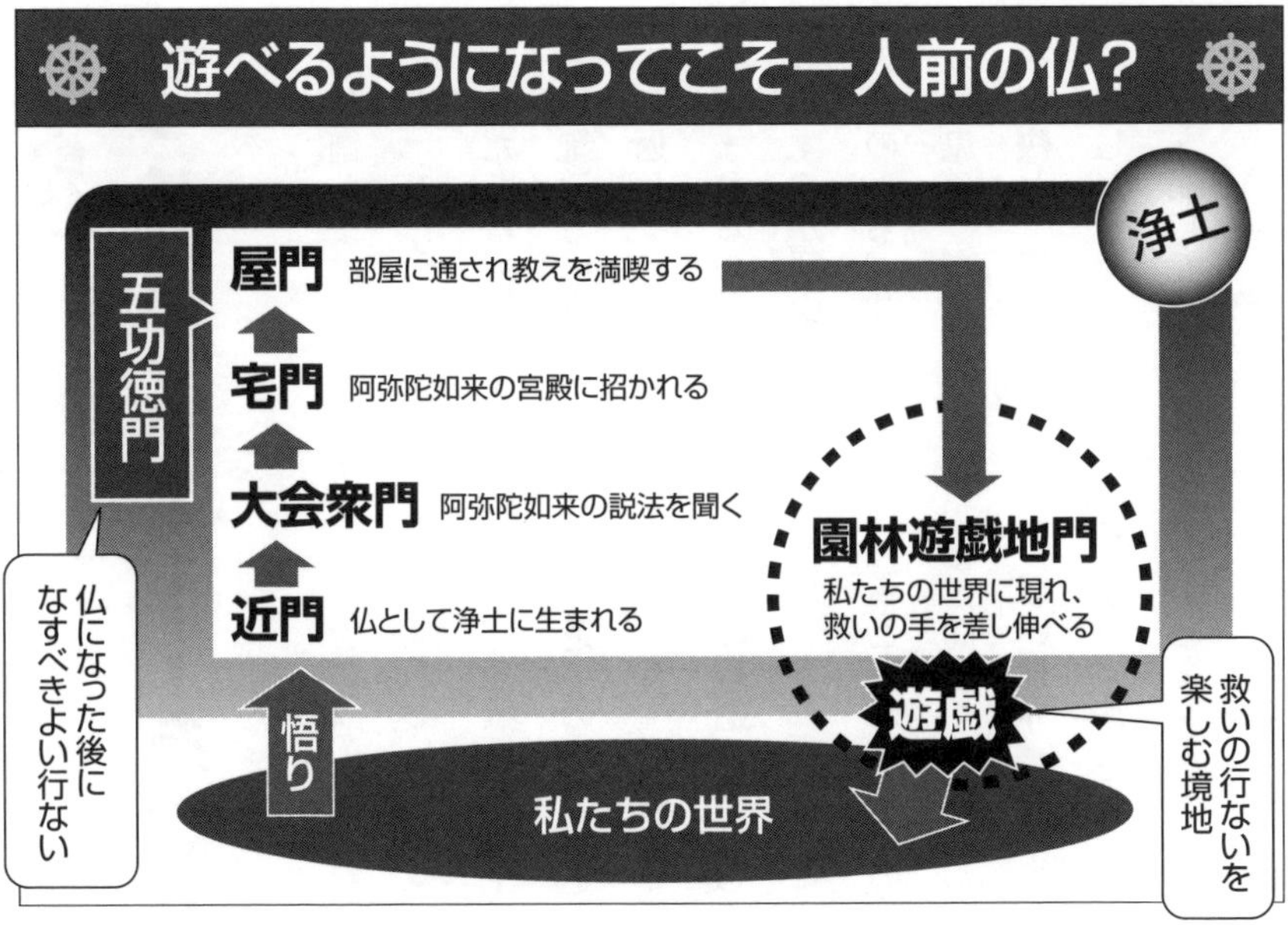
遊べるようになってこそ一人前の仏？
浄土
五功徳門
屋門　部屋に通され教えを満喫する
宅門　阿弥陀如来の宮殿に招かれる
大会衆門　阿弥陀如来の説法を聞く
近門　仏として浄土に生まれる
園林遊戯地門
私たちの世界に現れ、救いの手を差し伸べる
遊戯
悟り
私たちの世界
仏になった後になすべきよい行ない
救いの行ないを楽しむ境地

ということは、私たちはゲームのコマのようにもてあそばれているのかもしれない。

しかし、おそらく幸せなコマだろう。仏たちは大きな願いをもってゲームに臨んでいるからだ。私たちすべてが浄土に生まれるのを見届けたいという切なる願いである。多少の順番の前後はあるにせよ、私たちはいずれは浄土に行くことになっている。だからコマとして、安心して仏のゲームに身を委《ゆだ》ねていればいいのだ。

そういえば、私たちも仏の境地を目指す菩薩であった。もっと人生を遊んでもいいはずだ。

遊びは、だれかに言われてやるものではなく、義務だからやるわけでもない。見返りも期待せず、損得勘定もない。多少しくじっても悔やんだりせず、その瞬間を無心に楽しめばいい。

何ものにもとらわれない遊びの精神で、人生を楽しむことができたら素敵だと思う。

【餓鬼】もっと欲しい！――あなたの近くにも餓鬼がいる

お釈迦さまは、インドにすでに定着していた「輪廻転生」の考え方を使って教えを説くこともあった。私たちは天道、人道、餓鬼《がき》道、地獄道、畜生道、修羅道という六つの世界（六道）の中で輪廻を繰り返している。どこに生まれても生老病死の苦に苛《さいな》まれるのは同じことだ。この輪廻の輪から抜け出すのが解脱《げだつ》である。

六道のうち、強欲な者が落ちるとされているのが「餓鬼道」だ。欲望だけが絶え間なく湧いてくるが、決して満たされることのない世界。食べ物は手にしたとたん燃え出してしまい、常に飢えと渇きが支配している。子どものことを「ガキ」というのは、腹を空かせてガツガツしている様子が餓鬼のようだからだ。

私たちは生まれ変わらなくても餓鬼になることができる。大乗仏教では、餓鬼のような強欲な心をもつ者は、この世にいながらにして餓鬼と呼ばれるからだ。食いしん坊はまだ罪が軽いほうだ。財をたんまり貯め込み、貯め込むこと自体に快楽を感じ、さらに儲けてやろうと企んでいるような輩《やから》こそが現代における餓鬼だろう。

餓鬼道には「多財餓鬼」というＶＩＰ待遇の餓鬼がいる。飲み食いに不自由はなく、天道の神々のところにも行ける身分だ。しかし、どんなにぜいたくをし続けても決して満たされない。「もっと欲しい！」という苦しみを永遠に味わうのだ。

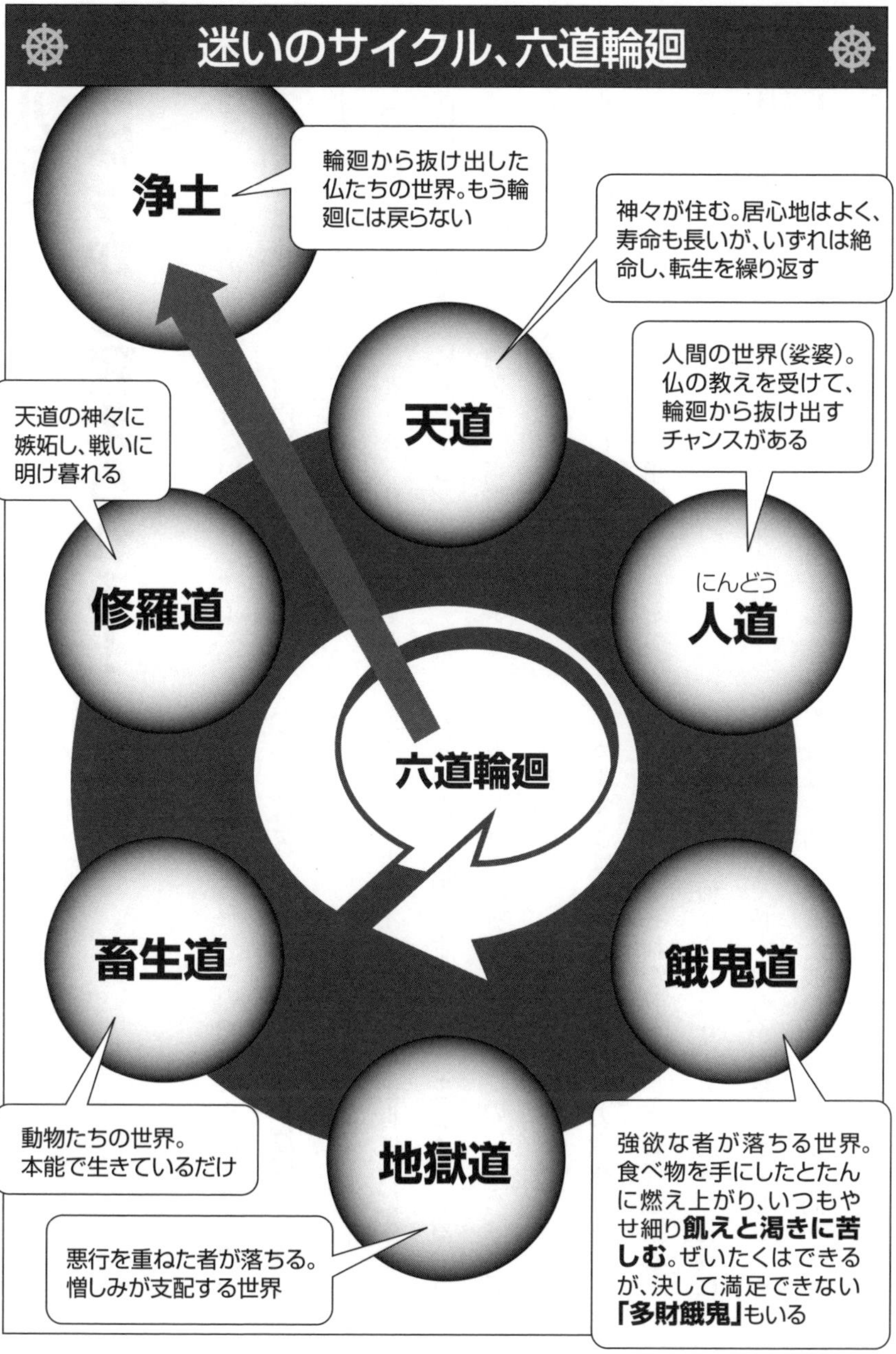
迷いのサイクル、六道輪廻
浄土
輪廻から抜け出した仏たちの世界。もう輪廻には戻らない
神々が住む。居心地はよく、寿命も長いが、いずれは絶命し、転生を繰り返す
天道
人間の世界（娑婆）。仏の教えを受けて、輪廻から抜け出すチャンスがある
人道《にんどう》
天道の神々に嫉妬し、戦いに明け暮れる
修羅道
六道輪廻
畜生道
餓鬼道
地獄道
動物たちの世界。本能で生きているだけ
悪行を重ねた者が落ちる。憎しみが支配する世界
強欲な者が落ちる世界。食べ物を手にしたとたんに燃え上がり、いつもやせ細り**飢えと渇きに苦しむ**。ぜいたくはできるが、決して満足できない**「多財餓鬼」**もいる

【カルマ】運命は今から変えられる！

お釈迦さまの数々の前世での行ないは『ジャータカ』（本生譚《ほんじょうたん》）と呼ばれる伝記に記されている。また、お釈迦さま本人も輪廻や地獄について語っている（と記されている）ことから、仏教は輪廻転生を前提にしているようにも思える。

ただ、悟りを開いたお釈迦さまが本当に輪廻を信じていたのかどうかは疑問だ。わかりやすく教えを説くために、当時、一般に親しまれていた考え方を「方便」として使っていた可能性もあるからだ。

それはともかく、輪廻の考え方は運命論と結びつきがちである。「前世が武士だったから勇ましい」「前世で悪いことをした報いだから仕方ない」「前世の縁だよね」といったように、都合のいい（？）前世を、今の自分の状態の原因に仕立て上げたりする。

そして、古代インド以来、来世に何に生まれ変わるのか、輪廻転生の方向性を決めているのは、一人ひとりの「カルマ」（業《ごう》）のはたらきと考えられている。

カルマとはもともと「造作」の意味であり、「行ない」そして、それが引き起こす影響を指している。私たちが何かをしたり、考えたり、行動に移したりすると、必ず何らかの結果が生じる。その影響は水面に立った波のように未来に向かって続いていく。

流れは刻々と変わっている!
業(カルマ)とは、
行為が引き起こす
影響のこと
現状の
カルマ
これからの
カルマ
流れが
変わった!
今までの行ないが
積み重なって
作り出された流れ
今の行ないが
作り出す変化

無限の過去世から積み重ねてきたカルマの流れが私たちの現在の状態を形作っている。それは大河の流れのようなもので、放っておくと私たちはこのままの状態で未来へ向かって流されていってしまう。

ここで「カルマは変えられない」と受け入れてしまうのが運命論だが、仏の教えによれば、人生はいつでも変えられる。

もちろん、現状に満足ならそれでいいのだが、私たちは「もっと菩薩っぽく生きたい！」と志しているはずだ。ならば、菩薩として考え、言葉にし、行動に移していれば、カルマの流れは徐々に変わっていくのである。

カルマの流れは今も、あなたの行ないや思いを織り込みながら時々刻々《じじこくこく》と姿を変えている。あなた自身の日々の行ないが、未来の運命を作っていく、作っていけるのである。

【不思議】わからないことは、わからないままでいい

お釈迦さまの弟子マールンキヤの息子が、次のような十項目の質問をした。

「世界は永遠なのか。世界は無常なのか。世界は有限なのか。世界は無限なのか。霊魂《れいこん》と身体は同一なのか。霊魂と身体は別なのか。如来は死後に存在するのか。如来は死後に存在しないのか。（中略）お釈迦さまはこれらのことをはっきりと述べない。答えてくれたら修行しよう。そうでなければ修行はやめる」

世界の果てや霊魂の存在といった疑問は、だれもがもつものだ。そして、だれにも答えが得られない。悟りを開いて、何でも知っていそうなお釈迦さまに答えてほしかったのだろう。

お釈迦さまは「わからない」とは言わない。まず「そんな答えを待っていると、お前の寿命が来てしまう」と戒めた後、「毒矢のたとえ」として知られる説話をする。

「毒矢で射られた人がいたとしよう。そこで呼ばれた医者にこう言ったらどうか。『私を射た者が王族なのか、バラモンなのか、庶民なのか、下賤《げせん》者なのかがわかるまで、この矢を抜きとるまい』。あるいは、こう言ったらどうか。『私を射た者が、どこのだれかがわかるまで、この矢を抜きとるまい』。あるいは、こう言ったらどうか。『私を射た者の身長がどれくらいだったかがわかるまで、この矢を抜き取るまい』。あるいは……（中略）マー

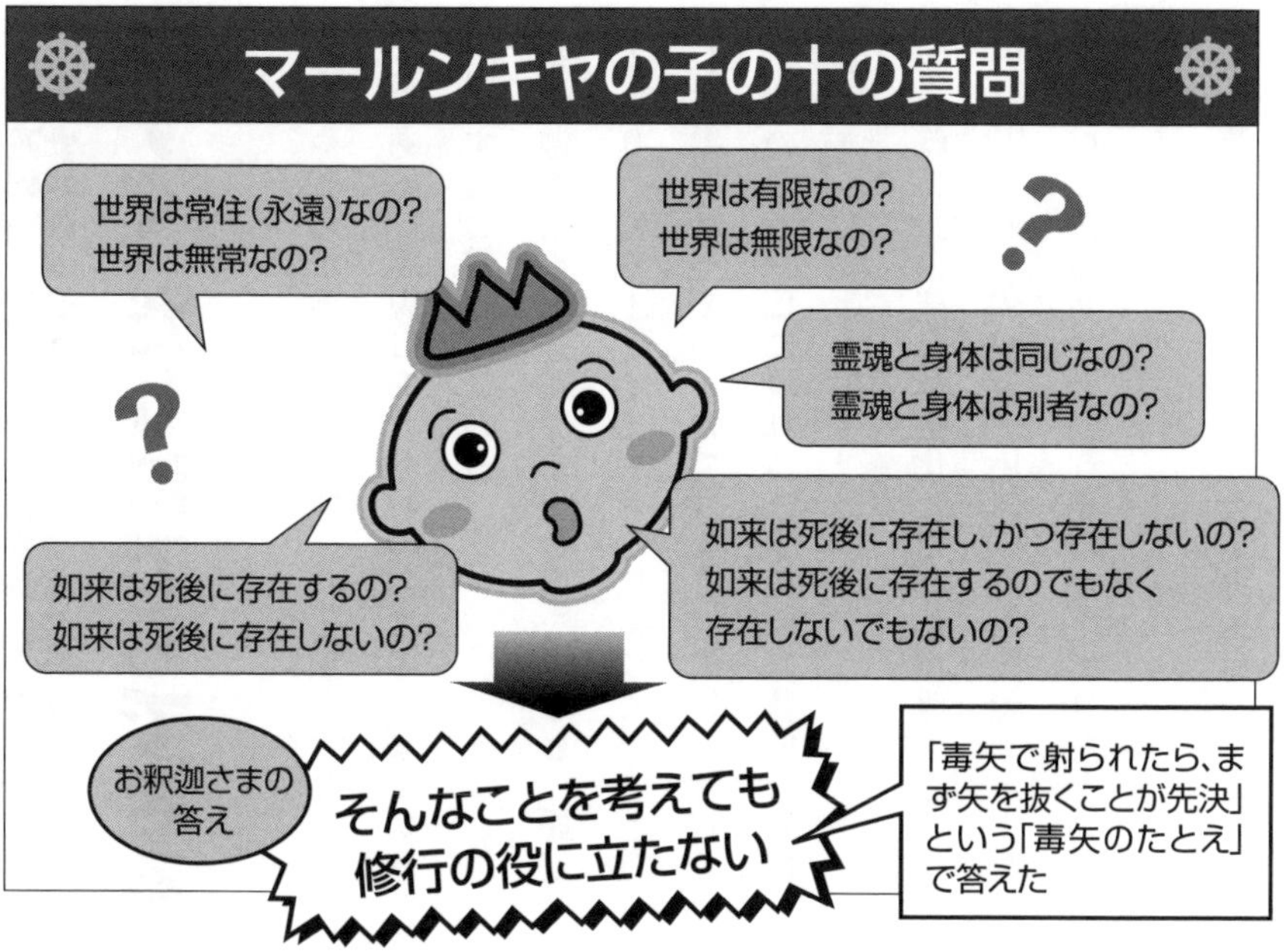
マールンキヤの子の十の質問
世界は常住（永遠）なの？
世界は無常なの？
世界は有限なの？
世界は無限なの？
霊魂と身体は同じなの？
霊魂と身体は別者なの？
如来は死後に存在するの？
如来は死後に存在しないの？
如来は死後に存在し、かつ存在しないの？
如来は死後に存在するのでもなく
存在しないでもないの？
お釈迦さまの答え
そんなことを考えても
修行の役に立たない
「毒矢で射られたら、まず矢を抜くことが先決」という「毒矢のたとえ」で答えた

ルンキヤの子よ、彼にそれがわからなければ、そこで命尽きるであろう」

　マールンキヤの子がしつこく十聞いたら、お釈迦さまもちゃんと十通りに答えて応酬《おうしゅう》している。そして、答えない理由を述べる。

「目的にかない、清らかな修行の基礎とならず、（中略）心の静寂、すぐれた智慧、正しい悟り、涅槃の獲得に役立たないからである。（中略）私がはっきり述べなかったと述べたことを心得ておくべきである」

　つまり、そんなことは修行の役に立たないから言わない、というのだ。

　人知の及ばないことを示す「不思議《ふしぎ》」は仏教語の「不可思議」の略である。どんなに考えてもわからない観念的なことは、そのままにしておけばいい。それよりも、今できることを行動に移そう。仏の教えは、実践の教えなのである。

【和顔愛語　先意承問】今すぐ、だれにでもできる菩薩の行ない

むすっとした無愛想《ぶあいそう》な表情を「仏頂面《ぶっちょうづら》」と呼ぶことがある。諸説はあるものの、この言葉は仏教に由来すると言われている。

お釈迦さまや阿弥陀さまの仏像を見ると、頭がこんもりと盛り上がっているのに気づく。あれは決して髪を結っているのではなく、肉髻《にっけい》と呼ばれる頭そのもの。仏に現れる三十二の身体的な特徴のひとつとされている。

この尊い頭頂部を神格化した「仏頂尊」という「仏の中の仏」がいる。仏頂尊の無愛想（?）な表情から「仏頂面」という表現が生まれたという説があるのだ。

仏頂尊に限らず、仏の顔というのは超然として、近寄りがたい表情のものが多いのは確か。微笑《ほほえ》んだり、ときには泣いているようにも見える表情豊かな菩薩たちとはまったく違う。

お釈迦さま自身が実際に「仏頂面」であったかどうかは疑問だ。悟りの境地とは、喜怒哀楽を抑え込むのではなく、意識しなくともコントロールでき、感情的になることがあっても、いつまでもそれにとらわれないという状態のはず。だとしたら、屈託《くったく》なく声を上げて笑い、ときには怒りに声を荒らげることもあったに違いない。しかし、あまり表情豊かではありがたみがないのか、多くの仏像は「仏頂面」に作られているようだ。

「和顔愛語《わがんあいご》」という言葉を聞いたことがある人は

「仏頂面」より「和顔愛語」
和顔愛語
なごやかな笑顔
やさしい言葉
『無量寿経』に出てくる言葉
先意承問
言われなくとも
相手の気持ちを察し
期待に応える
仏頂面(？)
仏頂尊という仏の表情に
由来する言葉(諸説あり)

少なくないだろう。なごやかな笑顔（和顔）とやさしい言葉（愛語）を大切にしよう――社訓や校訓になっていることも多い。

ひとりが憂鬱《ゆううつ》な表情でいると、周りの雰囲気が一気に暗くなる。とげとげしい言葉は鋭利な刃物のように人を傷つける。みんなで幸せになろうという仏の教えの第一歩は、笑顔と思いやりのこもった言葉なのだ。

実は「和顔愛語」は『無量寿経』という経典に登場する仏教由来の言葉。先に紹介した、だれにでもできる「無財の七施」（一〇六頁）のうち「和顔施」と「言辞施」に相当する。

経典の中では「和顔愛語」で終わりではなく、後に「先意承問《せんいじょうもん》」と続いている。――言われなくても相手の気持ちを察して、望みに応えよう。

仏の教え云々《うんぬん》以前に、人としてもっとも大切にしたい振る舞いが八文字に込められている。

【犀の角】
孤独の中で感じる、よき仲間に恵まれる幸せ

原始仏典『スッタニパータ』の始まりは、真理の追求を蛇の脱皮にたとえた「蛇」。続いて牛飼いが主人公の「ダニヤ」、それに続くのが「犀《さい》の角」である。

「あらゆる生きものに対して暴力を加えることなく、あらゆる生きもののいずれをも悩ますこともなく、また子を欲するなかれ。況《いわん》や朋友《ほうゆう》をや。犀の角のようにただ独り歩め」（中村元訳、以下同）

　このように修行者としての生き方、心がまえを述べた後、それぞれの最後に「犀の角のようにただ独り歩め」と繰り返す詩的な構成になっている。

　四十一篇の詩句に貫かれているのは、ただひとつの角をもつ犀がひたむきに突き進むように、周囲に煩わされることなく、信念に従って歩もうという呼びかけだ。

　なぜ角が一本の犀にたとえたのかというと、お釈迦さまは「ひとり」ということをとくに重んじていたからだ。人は互いに引き合うものだが、親しくなると必ずそこにとらわれる心が生まれる。異性や家族ともなると、すさまじい執着にとらわれて自由がきかなくなる。

「仲間の中におれば、休むにも、立つにも、行くにも、旅するにも、つねにひとに呼びかけられる。他人に従属しない独立自由をめざして、犀の角のようにただ独り歩め」

　ただし、お釈迦さまはすぐれた友人をもつ喜び、

「犀の角」で説かれたもの
人と交わりをもち、親しくなると……
☹ 相手に対する執着が生じる
☹ 束縛が生じ、自由が失われる
☹ 娯楽などの快楽への誘惑が生じる
よい友は得がたい
犀の角のようにただ独り歩め

そしてそれが得がたいことをも知っていた。

「われらは実に朋友を得る幸せをほめ称《たた》える。自分よりも勝れあるいは等しい朋友には、親しみ近づくべきである。このような朋友を得ることができなければ、罪過《ざいか》のない生活を楽しんで、犀の角のようにただ独り歩め」

そして最後は次の詩句で締めくくられている。

「今のひとびとは自分の利益のために交わりを結び、また他人に奉仕する。今日、利益を目指さない友は、得がたい。自分の利益のみを知る人間は、きたならしい。犀の角のようにただ独り歩め」

すでにお釈迦さまの時代から「金の切れ目は縁の切れ目」といった風潮があり、「世の中、金がすべてなのか！」と嘆いていた人が多かったようだ。それから二千五百年以上たち、その傾向が極まった時代に生きる私たちが「世の中、何か変」と感じるのも無理はない。

【十牛図】
「自分探し」は、追い求める過程に意味がある

禅の世界で、悟りに到るまでの過程を、逃げ出した牛を探す旅にたとえて表わした「十牛図」というものがある。牛は「本当の自分」だ。つまり、「自分探し」の旅ととらえることもできる。

「私って何だろう?」——まずは探索を思い立つところから始まる。迷いながら野を越え山を越えて「牛」を探していると、めでたく牛に出会えた。最初は無理矢理つかまえ、やがて手なずけて、自分のものにすることができた。

もう逃げ出す心配はない。安らかな心地で牛にまたがり、自在に乗りこなしながら家に帰る。本当の自分の姿を見つけることができたのだ。

そこで気づく。な~んだ、「本当の自分」って初めから自分の中にあったものじゃないか、と。もう「牛」はいない。もともと私と一体のものだからだ。自分探しをしながら、めぐりめぐって「ありのままの自分でよかったんだ」と気づく。

第八図以降は、自分と他人とを分別する境界も消え、悟ったということさえ忘れて、他の人々を救う道を目指すという菩薩の道を示している。

十牛図の作者とされる廓庵《かくあん》禅師は、解説文の冒頭でこう書いている——「そもそも失ってなどいない。なぜ追い求めるのだろう」。私らしさは、私の中にしかない。しかし、それは追い求めてみて初めてわかる。自分探しの迷い旅は、旅すること自体に大きな意味があるのだと思う。

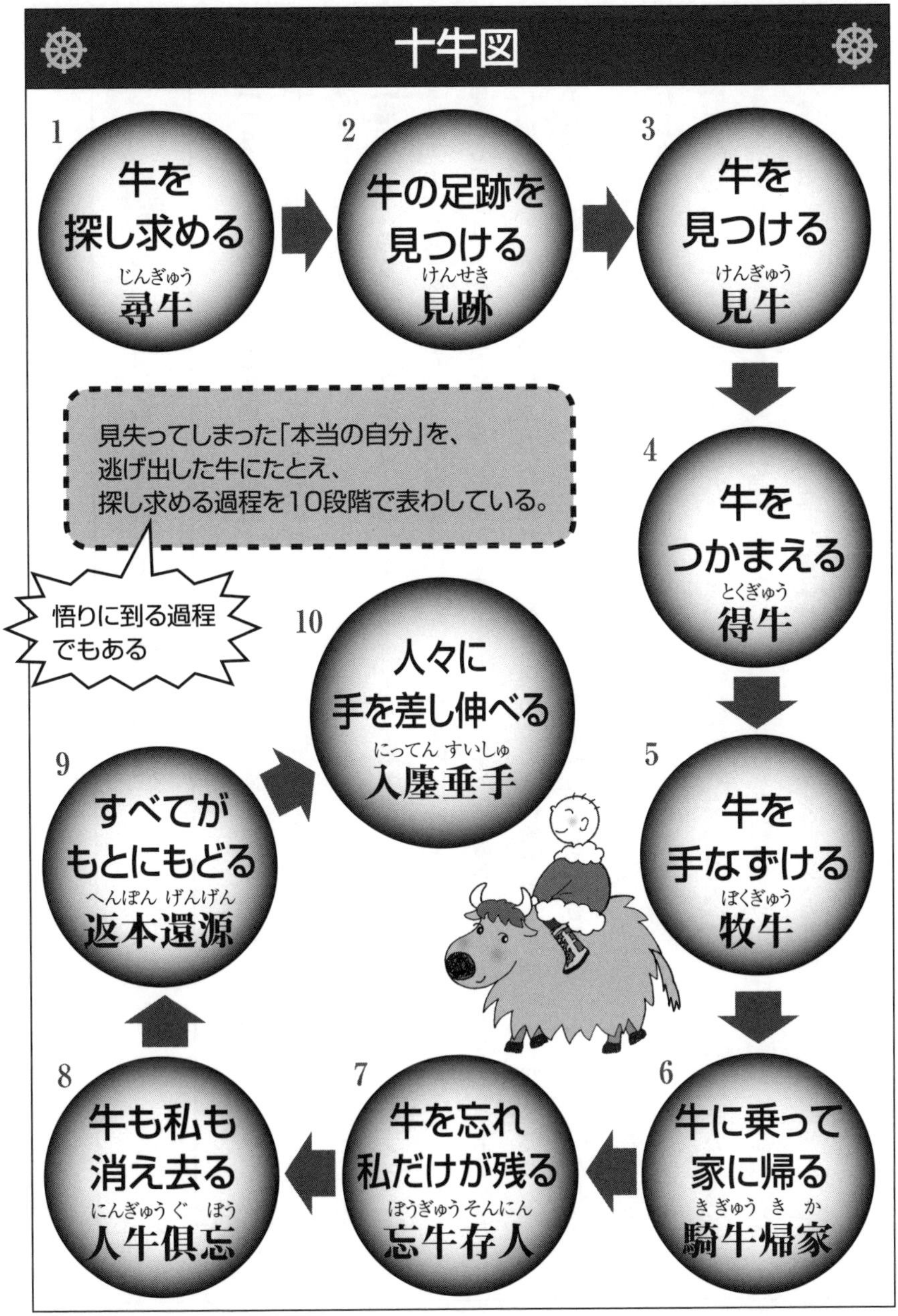
十牛図
1
牛を
探し求める
尋牛《じんぎゅう》
2
牛の足跡を
見つける
見跡《けんせき》
3
牛を
見つける
見牛《けんぎゅう》
4
牛を
つかまえる
得牛《とくぎゅう》
5
牛を
手なずける
牧牛《ぼくぎゅう》
6
牛に乗って
家に帰る
騎牛《きぎゅう》帰《き》家《か》
7
牛を忘れ
私だけが残る
忘牛《ぼうぎゅう》存人《そんにん》
8
牛も私も
消え去る
人牛《にんぎゅう》倶《ぐ》忘《ぼう》
9
すべてが
もとにもどる
返本《へんぽん》還源《げんげん》
10
人々に
手を差し伸べる
入廛《にってん》垂手《すいしゅ》
見失ってしまった「本当の自分」を、
逃げ出した牛にたとえ、
探し求める過程を10段階で表わしている。
悟りに到る過程
でもある

コラム

アレもコレも仏教語！④「醍醐味」編

【一味（いちみ）】……お釈迦さまの教えを指す。相手に合わせてさまざまな教えを説いたが、その本質はひとつである。

【堪能（かんのう）】……文字通り「堪《た》える（耐える）力」の意味だった。困難に耐え抜いた結果として勝れた能力が手に入ることから「語学に堪能」といった使い方が生まれた。転じて、「秋の味覚を堪能する」のように（耐えることもなく）その結果だけを楽しむという表現にも使われるようになった。

【甘露（かんろ）】……天界で飲まれているという不老不死の妙薬「アムリタ」の漢訳語。蜜のように甘いとされている。お釈迦さまの言葉や仏の境地を指すこともある。

【三昧（さんまい）】……「サマーディ」の音写。心を静めて瞑想をする、座禅を組むことを指す。心を集中させることから「満喫する」「打ち込む」の意味になった。

【ぜんざい（善哉）】……お釈迦さまが弟子をほめるときに言った「善哉（よきかな）」という言葉にあやかったもの。ぜんざいを食べたお坊さんが思わず「善哉」と言ったことが由来と俗に言われている。

【醍醐味（だいごみ）】……インドにおいて極上とされた乳製品（一説にはバター）の味のこと。仏の教えを味にたとえた。

第五章
「仏の教え」の達人を心の師匠にする

【親鸞】自分の力で悟ろうなんて、ずうずうしい

インドで発祥した仏教は、中国・朝鮮半島を経て、六世紀に日本に伝わったとされている。以降千五百年近いときを経て、日本の仏教にはさまざまな宗派が誕生した。その中で現在最大の宗派である「浄土真宗」の開祖が親鸞《しんらん》である。俗に「お上人《しょうにん》さま」などと親しまれている。

親鸞の師匠であった法然は「浄土宗」を開いた。「南無阿弥陀仏《なむあみだぶつ》」という念仏をひたすら唱えていれば浄土に行けるという教えである。

なぜか？　『無量寿経』というお経に、阿弥陀如来の次のような誓《ちか》いが記されているからだ。

「すべての人々がわずかでも念仏を唱えて浄土に生まれることができないなら、私は悟りを開かない」

阿弥陀さまは現に悟りを開いて如来となっている。ということは、すべての人々は念仏を唱えて浄土に生まれ変われるということだ。

法然の「念仏を唱えれば救われる」をさらに発展させたのが親鸞だ。いわく「阿弥陀さまを信じるだけで浄土に行ける」。

阿弥陀さまはすべての人々を救ってから悟りを開こうと誓った。そして、すでに悟りを開いているのだから、私たちが救われることは、あらかじめ決まっていることなのだ。

だから余計なことはせず、ただ阿弥陀さまに身を委ねていればいい。念仏を唱えたり、功徳を積

お上人さまのメッセージ

善人なおもて往生をとぐ いわんや悪人をや

阿弥陀さまに身を委ねきれず、自ら善行に励んでしまうような思い上がった善人だって往生できるのだ。すっかり阿弥陀さまに身を委ねている悪人はなおさら容易に往生できる

親鸞（1173〜1262）
鎌倉時代の僧侶。浄土真宗の開祖

む（よい行ないをする）といったことは、阿弥陀さまの誓いを信じていない証拠。自力で悟りに到ろうとする慢心の現れだ。どうしても念仏を唱えるのなら、阿弥陀さまへの「救ってくれてありがとう」という気持ちとして唱えよう。

出家して修行するなど、うぬぼれである。親鸞はそう考え、自ら妻をめとり、子をもうけた。

したがって、浄土真宗に僧侶はいるが「出家」はない。「僧でもなく、俗でもない」道を選んだ親鸞にならって、結婚しても酒を飲んでもＯＫ。全員が浄土に行くのだから、墓をもうけることも重んじない。

私たちのよい行ないも悪い行ないも、すべて阿弥陀さまの深い考えがあってのもの。阿弥陀さまの誓い「本願《ほんがん》」なのだから、あるがまま、好きなように生きればよい。私たちを自由にしてくれる教えを説いたのが親鸞であった。

【聖徳太子】世間をコケにして、仏教で国作り

親鸞は二十九歳で、当時の学問の総本山・比叡《ひえい》山を下りた。今でいえば「東大中退」といった感じだ。そして、京都の六角堂で修行をしているとき、夢の中で救世《くぜ》観音に出会う。

「たとえ前世の業の結果、女性と交わることになっても、私が妻となってお仕えし、あなたを極楽に導きます」

このお告げにより、親鸞は後に妻をめとることになる。六角堂は聖徳太子が建立したもの。そして、救世観音は聖徳太子の化身《けしん》だと言われている。

聖徳太子は日本に仏の教えを導入した立役者として知られている。六世紀、日本は地域ごとの氏族が寄せ集まっただけで「国」と呼べるような状態ではなかった。聖徳太子は仏教を屋台骨として、日本という国を建てなおそうとしたのだ。

聖徳太子が定めた「十七条憲法」の第一条は「和をもって貴《たっと》しとし……」で有名だが、第二条にさっそく仏の教えが登場する。

「篤《あつ》く三宝を敬うべし。三宝とは仏・法・僧である。すなわち命ある者のよりどころであり、すべての国の究極の規範である。どんな世でも、いかなる人でも、この教えを貴しとしない者はない。はなはだしく悪い者は少なく、導くことができれば、これに従うものだ。そこで三宝をもととしなければ、何をもって邪な心をただせるだろう」

王（天皇）への服従を定めた第三条よりも前に、

聖徳太子のメッセージ

この世は虚仮
（仮のもの）であり、
ただ仏だけが
まことのものである

この現実の世の中は
移ろいやすい、不確かなもの。
確かなのは仏の教えだけである

聖徳太子（574～622）、飛鳥時代の摂政

仏の教えをもってきた意味は大きい。「はなはだしく悪いものは少なく」以降に、人を正しく導く教えとしての仏教への信頼が現れている。

法隆寺の隣の中宮寺の国宝・天寿国繡帳残闕《てんじゅこくしゅうちょうざんけつ》（刺繡《ししゅう》）には聖徳太子の遺言が記されている。

「世間虚仮、唯仏是真」（この世は仮のものであり、ただ仏だけがまことのものである）

「人を虚仮《こけ》にしやがって」というふうに使われる「虚仮」はここから来た仏教語。まぼろし、まやかし、実体のないものという意味だ。

聖徳太子は、執着の極みである政治の世界に身を置きながらも、すべては移ろうものであるという仏の教えを意識して、日本という国の形を作り上げた。私たちも、日常にどっぷり身を浸しながらでも、ちょっとおかしいこの世間が実はそれほど確かなものではないと意識して、心の中で距離をおくことはできるはずだ。

【日蓮】改革と行動で、この世に仏の世界を実現

日本人にお馴染みの念仏は「南無阿弥陀仏」。阿弥陀さまにすべてを委ねる気持ちが込められている。

もうひとつ、太鼓を鳴らしながら唱える「南無《なむ》妙法蓮華経《みょうほうれんげきょう》」も聞いたことがあるだろう。こちらは念仏ではなく「題目」と呼ばれ、『法華経《ほけきょう》』というお経に救いを求める言葉だ。

『法華経』はもとの名を「正しい教え、白い蓮《れん》華《げ》」といい、徹底した平等を貫いたお経と言える。このお経と縁を結べば、すべての人々は、いや人間でなくとも、いつか必ず仏になれる。蓮華の花が泥の中から現れて美しい花を咲かすように、どんな境遇であっても救われることを象徴している。

日蓮はもともと天台宗の僧侶であった。その開祖・最澄が『法華経』を重んじており、日蓮もこれを最高の教えであると認めて、広めようとした。これが発展したのが後の日蓮宗である。

日蓮の布教のやり方は独特だった。

「念仏無間、禅天魔、真言亡国、律国賊」

念仏を唱えれば最下層の無間地獄に落ち、禅は悪魔の所行、真言は国を滅ぼし、律宗の僧は国賊《こくぞく》である。つまり、他の信仰に対するネガティブキャンペーンを張ったのだ。

また、「浄土で救われる」という浄土信仰が流《は》行《や》っていた時代に、現世での救いを説いた。

あの世で仏の世界に行けても仕方がない。この

日蓮上人のメッセージ

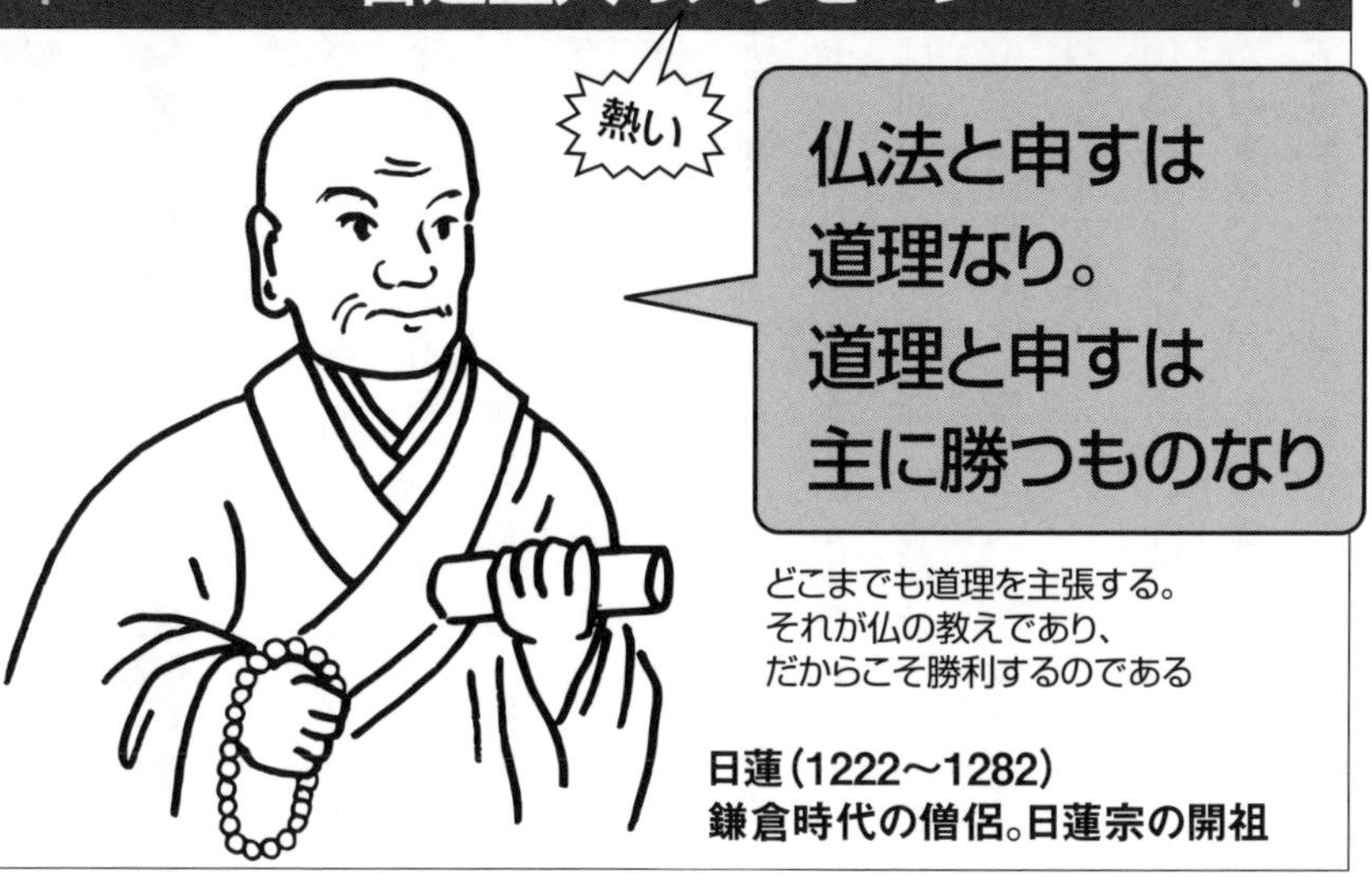

熱い
仏法と申すは道理なり。道理と申すは主に勝つものなり

どこまでも道理を主張する。
それが仏の教えであり、
だからこそ勝利するのである

日蓮（1222〜1282）
鎌倉時代の僧侶。日蓮宗の開祖

世に仏の世界を実現すべきだ。折しも戦乱や天変地異が続いた時代背景もあり、「早く救われる」日蓮の教えは人気を得た。

しかし、邪教と断じられた他の宗派からは大きな反発を受けた。現世で仏の国を、というビジョンから、『法華経』にもとづいた国を作るべきだとして当時の幕府に迫ったことも異様に映った。

こうした日蓮の活動はまさに一貫して「戦い」である。危険思想の持ち主として流刑にされたりしながらも志は揺るがない。実は『法華経』には「この教えを広めようとすると迫害（法難）に遭う」と書かれており、その通りになったからと、ますますヒートアップするのだ。

聖徳太子が行なったような仏教による国作りへの再チャレンジは成功しなかった。しかし、世間を疎《うと》んじない日蓮の行動力には見習うべきものがあるはずだ。

【良寛】

子どもだろうと、泥棒だろうと

良寛さん――この言葉を聞くと、なんとなくほのぼのとした気分になれる。いつも子どもと遊んでいたという、どこかで聞いた童話の世界そのままの良寛の人柄が思い浮かぶからだろう。

良寛は名家の長男として裕福な家庭で育った勉強熱心な少年だった。世間知らずなまま役人になったせいか、仕事がうまくいかず苦しむ。やはりこれは向いていないと悟った良寛は、十八歳で仕事を辞めて近所の寺に駆け込み、頭を剃《そ》って僧侶になってしまった。

二十代の良寛は国仙和尚という名僧のもとで修行に励んだようである。三十三歳のころ師匠から悟りの証明書を得ていることから、高い境地に達したことは確かである。

しかし、その後、寺をもつこともなく、書や作詩に勤しんだ。托鉢《たくはつ》でわずかな食事を得て、世捨て人のような貧しい暮らしを送った。

物乞《ものご》いのように薄汚れた良寛を最初はからかっていた村の子どもたちともやがて仲よくなり、手まりやおはじきで一日中遊んでいたという。

今同じことをする人がいたら間違いなく通報されてしまいそうだが、当時もやはり大人には気味悪がられたらしい。しかし、良寛は気にしない。

何ごとにもこだわらない底抜けの優しさは、良寛のこんな句にも表われている。

良寛さんのメッセージ

災難に逢ふ時節には
災難に逢ふがよく候《そうろう》。
死ぬ時節には死ぬがよく候。
是《ぜ》はこれ災難をのがるる
妙法にて候

目の前の災難にうろたえず、
しっかり向き合う。
そうすれば災難ではなくなる

良寛（1758〜1831）
江戸時代の僧侶、書家、歌人

盗人に　とりのこされし　窓の月

　ある夜、良寛が寝ていると泥棒が入ってきた。といっても盗《と》るものがないので、良寛のかけていた布団を持っていった。そんな気の毒な泥棒を思いやった句である。

　子どもと遊んでいたイメージばかりが強い良寛だが、庶民と一緒になって酒もよく飲んだという。また、七十歳にして貞心という尼さん（当時三十歳）と出会い、ロマンティックな和歌を交わして、晩年に花を添えた。最期を看取ったのも貞心であった。

　良寛は晩年、書や学識で世間に認められるようになったが、相手が偉いからといって決して態度を変えはしなかった。子どもだろうが泥棒だろうが資産家だろうが、まったくこだわらないその姿勢は、分別をしない仏の心そのものである。

【一休】この世は、つかのまの一休み

アニメとなって海外にも知られている「一休さん」。「とんち小坊主」の諸々のエピソードは、実は江戸時代以降に創作されたものが多い。

実際の一休さん、いや禅僧・一休宗純《そうじゅん》の子ども時代については、後小松天皇のご落胤《らくいん》であったとされる出生の謎も含めてよくわかっておらず、大人になってからの「やんちゃ」ぶりのほうが、むしろ有名だ。

「一休」という名は、禅の公案（師匠から出される課題）に対してこう答えたことから付けられたものだ。

「うろじより　むろじへ帰る　一休み　雨降らば降れ　風吹かば吹け」

人生というのは、この世からあの世へと向かう、ほんの一休み。雨が降ろうが風が吹こうが、気にしない気にしない。

師匠の元で修行を終えた一休は、その後、一生寺には寄り付かず、庶民の中で過ごした。戒律などものともせずに、酒も飲んだし肉も食った。遊郭《ゆうかく》にも通い、子どももうけた。七十八歳にして、盲目の美女を傍らに置いた。

このほか、風変わりな行ないは山ほどある。

正月でみなが浮かれている町中を、木の棒にドクロを差して歩きまわり、こう詠《よ》んだ。

「門松は冥土《めいど》の旅の一里塚　めでたくもあり　めでたくもなし」

一休さんのメッセージ

一休宗純
（1394～1481）
室町時代の僧侶
釈迦といふ
いたづらものが
世にいでて
おほくの人を
まよはすかな

お釈迦さまという悪戯ものが
この世に現れ、迷いの世界から救う
と言って、多くの人を迷わせておる

「またひとつ年を越せた」といって喜ぶのが庶民の正月。しかし一休はこう疑問を投げかける。また一年分、死に向かって近づいた。ほら、この骸骨《がいこつ》になるときが近づいている。それがそんなにめでたいのだろうか。

こうした奇行を通じて、仏教の形骸《けいがい》化・権威化を戒めたのだと言われている。

一休はこんな辞世の句を遺している。

「須弥南畔《しゅみのなんばん》　誰か我が禅を会せん　虚堂《きどう》来るも半銭に直せず」

――この世のだれが、私の禅を理解できるだろうか。虚堂が現れても、何の値打ちもない。

虚堂は一休から七代さかのぼった師匠で、中国の禅僧だ。自分の禅はフリースタイルなのだから、たとえ尊い名僧がやって来ても何の役にも立たないというのだ。徹底して自由奔放を貫いた、実に一休らしい最期である。

【道元】日々の生活すべてが仏の教え

　仏教には興味がなくても、精進《しょうじん》料理には興味があるという人もいるだろう。五戒のトップ「殺さない」をおかさないため、なるべく肉は食べないようにしようという考えから、中国で生まれた食文化である。

　これを日本に導入したのが宋に渡って禅を学び、帰国して後に曹洞宗を開いた道元だ。永平寺の食生活などを著した『典座教訓《てんぞきょうくん》』『赴粥飯法《ふしゅくはんぽう》』は精進料理のバイブル的存在である。

　道元は比叡山で仏教を学んだが、かねてから抱いていた疑問に答えてくれる者がなく、すぐに山を下りてしまった。

　人は生まれながらにして仏性《ぶっしょう》（仏になる性質）をもっていると言われる。ならばなぜ修行をするのだろう。

　道元はその後、宋に渡り、ひたすら座禅を続ける「只管打坐《しかんたざ》」の修行に打ち込んだ。経を読んだり、礼拝したりといったことは、そもそもお釈迦さまの時代にはなかったはずだ。だからお釈迦さまのように瞑想によって悟りに到るのが王道のはずである。

　やがて、道元は心身ともに解放された境地「身《しん》心脱落《じんだつらく》」に達して帰国した。

　その後、道元の説いた思想はシンプルだ。
「ひたすら座れ」である。

　悟りを開くために座禅をするのではない。悟り

道元禅師のメッセージ

道元（1200〜1253）
鎌倉時代の僧侶。
曹洞宗の開祖
悟りは、
なきことぞとも
知るべし
悟りというのは、
人が知ろうとしても知りえない。
悟りとは、
悟りということさえないのだと
知るべきである

に向かって座禅をすること自体が仏の行ないである。修行そのものがすなわち悟りと考える「修証《しゅしょう》一如《いちにょ》」の考え方は、広く受け入れられた。

どうやら道元は、悟りは自分の力で得るものではなく、向こうからやってくるものだと考えていたようだ。仏のつもりで座禅をし、生活そのものを座禅と一体化させていく中で生まれてくる境地である。

著書『正法眼蔵《しょうぼうげんぞう》』には、ひとりが瞑想を深めると、その影響は周囲にも伝わっていくと書かれている。自分と自分以外を分別しない境地では、全宇宙が一体である。だから、ひとりの悟りはみんなのものでもある。そうやってみんなで修行を進めることによって、人間はもちろん動物も植物も、石や壁までも、全宇宙のすべての存在が清らかになっていくのだという。

道元の禅はスケールが大きい。

【盤珪禅師】

頑張らなくていい。楽に悟ろう

仏の教えは中国を経由して伝わったせいか、普段見たこともないような漢字を使ったり、読み方が特別だったりする。このあたりが仏教のとっつきにくさの原因のひとつだろう。

盤珪《ばんけい》禅師はやさしい言葉で仏の教えを伝えた禅僧である。そもそも、僧になったきっかけが「言葉の意味がわからない」だった。

儒学者から『大学』(儒教の経典のひとつ)を習っていたとき、「大学の道は、明徳を明らかにするにあり」という文章を目にして「明徳とは何だろう」と思った。しかし、儒者たちはだれもまともに答えてくれず、「そんなことは禅僧に聞け」と言われてしまう。そして実際に禅僧に聞いてみたところ「知りたければ座禅せよ」と言われ、そうしてみたというわけだ。

盤珪は座禅をしたり、不眠不休で念仏を唱え続けたり、神社で断食をしてみたり、吉野の山にこもったり、物乞いに身をやつしたり……あげくは窓もない部屋に何年間もひきこもってしまった。お釈迦さまがやったような、すさまじい苦行を続け、結核にかかり、ほとんど死にそうになったとき、盤珪はある思いに到った。

「すべては不生である」

生き返った盤珪は、その後「自分が遠回りした分、みんなには近道をしてほしい」という一心で「不生」一語をキーワードに突き進む。

盤珪禅師のメッセージ

盤珪永琢《ようたく》
（1622〜1693）
江戸時代の僧侶
業が深いから盗みをする者などいない。盗むのが業ではないか
生まれつきの業（カルマ）のせいで罪を犯すのではない。罪を犯すのが業なのだ。すべては、わが心のせいである

「不生」とは、余計な念を生じない、生じてもそれにこだわらないといった意味であろう。

盤珪といえば必ず語られるエピソードがある。

短気な男が盤珪を訪ねてきた。

「生まれつき短気なのがどうしても直りません。どうしたら直るでしょうか」

「そなたは面白いものを生まれついたの。今ここに短気があるか。あればすぐ出してごらん。ただちに直してしんぜよう」

「今はありません。何かの拍子《ひょうし》にひょっと出るのです」

「では生まれつきではあるまい。何かの拍子にお前が作るものであろう。自分で作っておいて親のせいにするとは、なんたる親不孝。人が生まれつくのは仏の心。それ以外のものは生まれつかないのだよ」

説法は、あくまでやさしい言葉で切々と続く。

【鈴木正三】日々の仕事の中に仏の教えがある

鈴木正三《しょうさん》という、あまり僧侶らしくない名前の禅僧は江戸時代初期の徳川家の家臣だった。

少年時代、すでに経典に親しんでおり、仏の教えには関心が深かった。

二十三歳のときに関ヶ原の合戦に参加し、その戦場において、捨て身の心を鍛錬し、猪突猛進すれば煩悩に打ち勝てるのだと悟ったという。

大坂城に勤めていたときには、儒学者から仏教を批判され、その反発として『盲安杖《もうあんじょう》』という著書を書いている。

出家したのは四十二歳と遅かった。動機はよくわかっていないが、少年の頃からの願いを実現するセカンドライフへのチャレンジだったのかもしれない。また、四歳の頃、同い年の友だちの死に出会い、以来、武士として死というものを見つめ続けてきた結果だとも考えられる。

出家したとき、臨済宗の大愚和尚《おしょう》に僧としての名をもらおうとしたところ「今までその名前で社会で生きてきたのだから、その名前でいいだろう」と言われ、俗名をそのまま名乗ったという。

臨済宗や曹洞宗の禅の教えを学んだが、師匠と呼べる人はいなかったようだ。だからこそ、どの宗派にも属さず、自由な立場で仏の教えそのものを追求できたのだろう。

座禅については「仁王《におう》不動禅」という独自のスタイルを説いた。仁王さまや不動さまのような激

鈴木正三師のメッセージ

勇猛心を修し出し、仏法の怨霊となるべし

鈴木正三（1579〜1655）江戸時代の僧侶

仏の教えの初心者は、
最初から如来のような禅は組めない。
まず寺の入り口にある、
仁王と不動をお手本とすべき。
このふたりの力を借りて、
悪業煩悩を滅ぼすべし

しい心、厳しい心をもって座禅を続けようというものだ。かつて武士として戦った体験が活かされているのかもしれない。

鈴木正三の思想は著書『万民徳用《ばんみんとくよう》』に記された次の言葉に集約されている。

「人々の心のもち方が自由になり、人々が心の世界の中で自由に振る舞うことができるようになるためならば、南無阿弥陀仏と念仏を唱えるもよし、座禅をしてみるのもよし、さらには、そんなことは何もしなくても、毎日、自分に与えられたそれぞれの仕事に、精一杯打ち込んではたらいていれば、それが人間として完成していくことになる」

禅もよし、念仏もよし。日々それぞれの仕事の中に仏の教えを見いだすことができるのである。今、与えられている職業は仏の取り計らいによるものだという「職分仏行説」は、仕事好きの日本人にはしっくりくるのではないだろうか。

【一遍】「お札」を発明し、「踊り念仏」を流行させた

捨聖《すてひじり》――この言葉は一遍の人生、教えにぴったりだ。

伊予国《いよのくに》（現在の愛媛県）に生まれた一遍は十歳にして母を亡くして出家。二十五歳で父の死をきっかけに還俗《げんぞく》して故郷に帰った。

しかし、家督《かとく》争いに巻き込まれ、三十二歳で再び出家することになる。

一度還俗した者が再び出家することに仏教は寛容だ。「仏の顔も三度まで」という言葉がある通り、お釈迦さまの時代から、三回までは「やり直し」が認められていた。仏教は人間の弱さをよく知っているのである。

一遍は再出家後、「熊野権現《ごんげん》のお告げ」を受け、各地を巡りながら「お札《ふだ》」を配るようになる。お札にはこう書かれていた。

「南無阿弥陀仏、決定往生六十万人」

しかし、中には受け取りを拒む人がいた。

ある日、ひとりの僧侶が「仏の教えは疑わないが、信心が起こらないから受け取れない」とお札を突き返してきた。

一遍は無理矢理お札を持たせたものの、今後も同じことが起こるのを案じて、再び熊野権現にお伺いを立てた。答えは明確だった。

「信不信をえらばず、浄不浄をきらはず、その札をくばるべし」

一遍はこのとき悟ったとされている。

遊行上人からのメッセージ

一遍（１２３９〜１２８９）
鎌倉時代の僧侶、時宗の開祖

生きながら死して
静かに来迎を待つべし。
万事にいろはず
一切を捨離して
孤独独一なるを
死するとはいふなり

無心で念仏を唱えるのは、死すると同じ。
生きながら静かに人として死し、
念仏を唱えて仏として生きよう

「遊行」を続けるうちに一遍を慕って付き従う人々が現れるようになった。これを「時衆」と呼ぶ。やがて念仏によって浄土に行ける喜びを踊りによって示す「踊り念仏」が誕生する。場所は信《しな》濃国《ののくに》だったと伝えられている。

踊り念仏自体は、一遍が敬愛していた市聖《いちのひじり》・空也のものを受け継いだようだ。後の盆踊りのもとになったとも言われている。

「生ぜしも独りなり、死するも独りなり。されば人とともに住するも独りなり、そひはつ（添い遂げる）べき人なき故なり」

一遍は生涯遊行を続け、寺を構えなかった。弟子をとったり、新たな宗派を立ち上げることもせず、ひたすらお札を配り、踊り念仏で往生を祈った。「わが化《け》導《どう》は一期《いちご》ばかりぞ」として著書も残さず、仏の教えをひたすら庶民に広めることに一生を捧げた。

【ダライ・ラマ十四世】「思いやりと非暴力」で世界的人気のチベット僧

一九三五年チベット生まれ。現役で活躍中の仏教指導者である。

もともとは農家の四男として生まれたが、二歳にしてチベットの指導者ダライ・ラマ十三世の「生まれ変わり」として認定され、その位を受け継いで十四世となった。

ダライ・ラマは観音菩薩の化身と信じられている宗教指導者であり、なおかつ「法王」としてチベットの政治指導者をも委ねられている。

しかし、一九五一年、チベットは中国の手に落ち、ダライ・ラマはインドへ亡命せざるをえなくなった。一九五九年、二十四歳のときである。

インド北部のダラムサラという町に亡命政府を設《もう》けたダライ・ラマは、僧侶としての修行を続けながら、チベットをチベット人の手に取り戻すための活動を続けた。一九六七年にタイと日本を訪れたのを皮切りに、世界中の政界や宗教界の指導者たちと信頼関係を築いている。

一九八九年にはノーベル平和賞を受賞。マハトマ・ガンディーの精神を受け継ぐ「非暴力」の思想が評価されたからである。

ダライ・ラマがことあるごとに口にするのが「思いやり」。身内や仲間だけでなく敵にまで発揮される、スケールの大きな愛情だ。ダライ・ラマはよくこう言う。

「敵に感謝しよう」

ダライ・ラマ14世のメッセージ

複雑な哲学も、教義も、教理もいりません。わたしたち自身の心が寺院です。思いやりが教義です

ダライ・ラマ14世
(1935〜)
チベットの政治・宗教指導者

幸せになることが人生の目標。その役に立つものならば、信じるのは仏教でもいいし、他の宗教でもいい。宗教でなくてもいい

分け隔てのない思いやりの心を鍛える貴重な機会を与えてくれるからだ。

この思いやりを人と人だけでなく、民族や国家の関係にも広げていくのがダライ・ラマの言う人類の「普遍的責任」である。

理想主義と思われるかもしれないが、思いやりと非暴力を貫いてきたからこそ、世界中から支持を得ることができ、チベットの問題はいつも注目を集めている。

「仏教でなくてもいい」というのもダライ・ラマの得意文句だ。人それぞれ生まれ育った環境に適した信仰があっていい。しかし幸せを目指すという目的は人類共通のはずなのだ。

亡命からすでに半世紀がたち、七十歳を超えた今もチベットに戻ることはできないながら、国も宗教も超えたスピリチュアル・リーダーとして世界を飛び回っている。

コラム

アレもコレも仏教語！⑤　「利益」編

【開発（かいほつ）】……だれもがもっている仏の性質を掘り起こし、悟りを開くこと。

【接待（しょうたい）】……僧侶に食べ物などの施しをすること。

【相続（そうぞく）】……すべての物事は一瞬一瞬移り変わるが、その流れは連続している。これを仏典で「相続」と呼ぶことから、後に「引き継ぐ」の意味になった。

【投機（とうき）】……「機」は心の働き、本来持っている素質や能力。「投機」は禅の用語で、師匠と弟子が心のやりとりを通じてひとつになり、悟りに到ることを言う。とらえどころのない心が結果をもたらすことから、現在の「思惑買い」の意味に転じたと思われる。

【もったいない】……「勿体《もったい》」はもともと「物体」とも書き、「ものの本来あるべき姿」のこと。すなわち、それ自身に実体はなく、他のものとの関係性（縁起）によって成り立っているという、もののあり方を指した。こうした互いの縁を損ねるような行為を「もったいない」と言うようになった。

【流通（るづう）】……仏の教えが広く行き渡ること。

【利益（りやく）】……仏の教えを実践することによって得られる幸せのこと。転じて、理由はともかく、得られるものの意味に。

第六章

「しきたり」を味方につけて、人生を楽しむ

実は迷信が大好きな私たち。くだらないけど捨てきれない！

お釈迦さまの時代のインドには、占いや呪術が大流行りだった。人生や国家における重要なことほど、人智を超えたものに頼る傾向があった。

すべては原因があって起こることであり、人智を超えた力が何かを引き起こしたり、自然に起こったりすることはない。それがお釈迦さまの縁起の教えである。だから、お釈迦さま自身は迷信の類いを徹底的に排した。人の心を束縛している古いしきたりや社会制度から脱し、自分の力で人生を切り開いていける自由を手にするのが仏の教えである。

しかし、庶民はあいかわらず迷信好きだった。お釈迦さまは神格化され、亡くなるとすぐ遺骨の分配を巡る争いが起こった。お釈迦さまのもっとも嫌った展開だろう。だが、それら迷信深い人々が、やがて仏像を造り、ドラマティックな脚色を加えた仏伝を書き綴ってくれたからこそ、今の仏教があるとも言える。

今の世の中も迷信だらけである。「仏滅」や「大安」を迷信と呼んで笑う人は多いが、私たちが当たり前だと信じている「日曜日は休み」という制度も、元になっているのは聖書である。世の中にはこうした仮の設定が必要なのだ。

くだらないとわかっていても、私たちは迷信を捨てきれない。そのことを自覚して、迷信を楽しんでしまえばいいのである。

仏教由来と誤解されている迷信の数々

お墓に足を向けて寝ると、たたりがある

「お釈迦さまの二大弟子のひとりサーリプッタは、兄弟子アッサジの恩を忘れず、**一生足を向けて寝ることはなかった**」と伝えられているが、気持ちの問題であって仏教とは関係ない

仏滅はお釈迦さまが亡くなった日だから縁起が悪い

仏教は日の吉凶を選ばない。そもそも仏滅や大安などの「六曜」は中国由来とされ、仏教やお釈迦さまとはまったく関係がない。ルールも何度か変わっており、**仏滅はもともとは「物滅」**と書いていた

お盆にはご先祖さまが家に帰ってくる

「お釈迦さまの二大弟子のひとりモッガラーナが、餓鬼道に落ちた母親を救うために、餓鬼たちに施しをした」という逸話がもと。ただし、日本のお盆は**趣旨がまったく違う**。ご先祖さまはすでに成仏するなり来世に生まれ変わっているため、戻ってくることはない

北枕は縁起が悪い

お釈迦さまは自ら頭を北に向け、顔を西に向けて亡くなった。こうして成仏したのであるから、**むしろ縁起がいい**のでは?

葬式やお通夜の後は、塩で身を清める

死は穢《けが》れたものという考えは**日本古来からのもの**で、仏教とは無関係

「四十九日」の法事は3カ月にわたってはならない

「四十九が三月」=「始終苦が身に付く」という**単なる語呂合わせ**

故人に戒名をつけないと、浮かばれない

戒名は**中国に由来する風習**。遺族の気持ちの問題にすぎない

位牌《いはい》を粗末に扱うと不幸になる

霊を祀る位牌は中国に由来する、**仏教とは関係ない風習**

未来はどうせわからない。占いはポジティブに使いこなそう

お釈迦さまは占いを迷信として、はっきり否定していた。

「わが徒は、アタルヴァ・ヴェーダの呪法と夢占いと相の占いと星占いとを行なってはならない。鳥獣の声を占ったり、懐妊術や医術を行なったりしてはならぬ」(原始仏典『スッタニパータ』九二七偈、中村元訳)

『アタルヴァ・ヴェーダ』は古代インドの宗教儀式などが記された聖典。懐妊術とは妊娠を助けると称する呪術である。医術は当時、魔物と戦う呪術に近いものだったようで、『アタルヴァ・ヴェーダ』には医学についての記述も多い。

また、お釈迦さまの前世を綴った『ジャータカ』には次のような逸話が登場する。

都の家族が田舎の娘を嫁にもらうことになった。すでに嫁入りの日取りは決まっていたが、星占い師に見てもらうことにした。

占い師は、すでに日取りが決まってしまっていることにヘソを曲げ、邪魔してやろうと企てて「最悪の星宿だ」と言った。

占いを信じた都の家族は、約束の日にお嫁さんを迎えに行かず、翌日になって現れた。

「あなたがたが来ないので、娘は他所《よそ》にやってしまった」

もう取り返しはつかず、結局都会の一家は嫁を

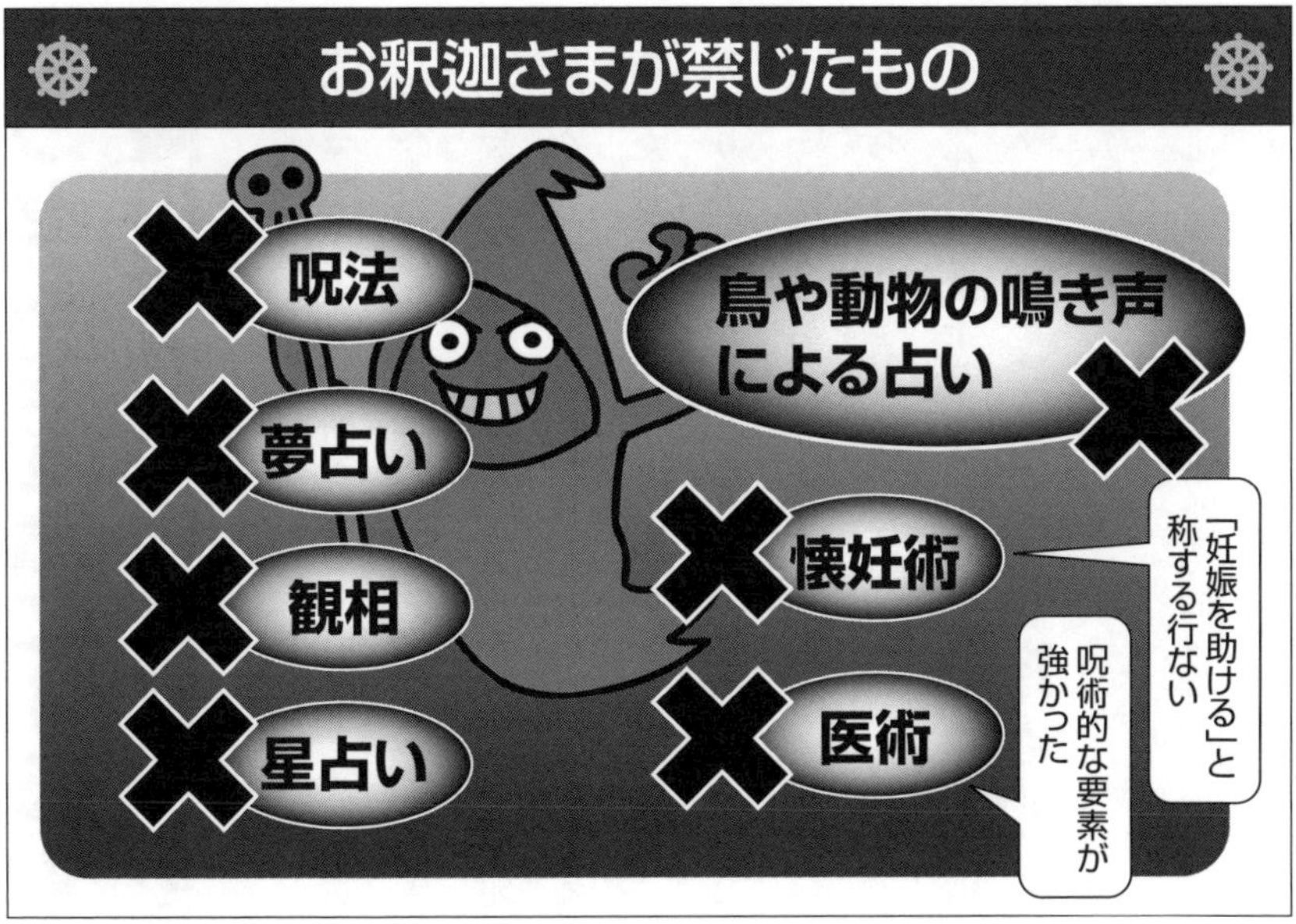
お釈迦さまが禁じたもの
呪法
鳥や動物の鳴き声による占い
夢占い
観相
星占い
懐妊術
医術
「妊娠を助ける」と称する行ない
呪術的な要素が強かった

迎えることができずに帰っていった。

占い師の言うことを真に受けたばかりに、結婚という、それだけで幸せな運命を逃してしまった。占いに幸せを託すなんて愚かであるという戒めだ。

悩みをだれかに相談したくなるのは当然だ。その相手として「悩みを聞くプロ」である占い師を選ぶのも悪くない。

しかし、何度も書いてきたように、未来なんて本来だれにもわからないのである。

だから、占いでネガティブな結果が出ても真に受けることはない。もともと自由なはずの未来を自ら狭めてしまうのは、もったいないのだ。

ポジティブな結果は励みになるだろうから素直に喜ぼう。あなたはそのままでいいんだ。思った通りにGO!——それはまた仏の教えにもかなっているのである。

どうせ前世を気にするのなら、菩薩の行ないに役立てよう

「カルマ」の項（一一四頁）で書いたように、私たちの今の状態は、無限の過去世で積み重ねてきたカルマで形作られている。証拠がないので断定はしにくいが、否定することもできず、そう考えておいたほうがいろいろと説明がつきやすい。

やはり気になるのは「私の前世は何だったんだろう？」ということだ。

おそらくそんなものは、だれにもわからない。「戦国時代の野武士」とか「中世の貴族」とか、「前世占い」ではいろいろな結果が出るだろうが、確かめようがないのである。

しかし、あながち間違いとも言えない。なぜなら、過去は無限であり、過去世には無限の可能性がある。だから、野武士や貴族どころか、王子さま・女王さまであっても不思議はない。

宇宙には始まりがあるから、無限ではないと言われるかもしれないが、その前に別の宇宙が存在したと考えられる。実際、宇宙論でも、宇宙を生んだ大爆発「ビッグバン」の前にはまた別の宇宙があったという説もあるようだ。

と、こういったことをいくら考えていても、まさに「マールンキヤの子」の質問（一一六頁）のごとく何の役にも立たない。確かめようもない前世を気にするより、今をどう生きるかのほうが大切だ。

ただし、無限の前世をじっくり考えてみるのも、

前世も来世も無限の可能性
無限の過去世
現世
無限の来世
どこかのタイミングでは、今は大嫌いなあの人が母だったかもしれない
分け隔てしない菩薩の思いやり

菩薩の行ないを深めるのには役立つ。

今、目の前であなたに怒鳴っている大嫌いなあいつが、過去のどこかの時点では、あなたの恋人だったかもしれない。叩きつぶそうとした蚊が、あなたの娘だったことがあるかもしれない。過去に何か縁があったからこそ、今こうして近くにいるのではないか。

そうした意識を深めていくと、すべての命あるものが、かつてあなたと深い結びつきをもっていた可能性が見えてくる。そして、どれも同じくらい愛おしいものだと感じられるようになる。

もちろん、今の世界での関わりが来世に大きな影響を及ぼすことも意識しよう。いずれは、大好きな人にも、大嫌いな人にも、同じくらいの思いやりの心をもって接することができるようになるのが理想だ。無限の前世に思いをはせると、人はやさしくなれるのである。

法事が終わると塩でお清め。死はケガレたものなのだろうか？

街中で霊柩車《れいきゅうしゃ》を見ると、なんとなく嫌な気分になる。火葬場が近所にできるなんて「縁起でもない！」と反対運動が起こる。法事の後には塩でお清めをしなければならない。

だれもがいずれお世話になるのに遠ざけておきたい「死」。嫌なもの、穢れたものだという意識があっても不思議はない。

死は嫌だ。それを喜ぶ者はいない。これまで一緒に過ごしていた楽しい時間が永久に絶たれてしまい、もう戻ってこない。楽しくない人生だって、勝手に絶ってほしくはない。生きていれば、いいことだってあったかもしれないのに……。

そんなことは想像もしたくない。だから、私たちはなるべく日常的に死に接しないよう「穢れ」として扱っている。

この考え方は仏教以前から日本にあったものだ。今でいう神道に由来するものだろうが、あるいは、それ以前からあった原始的なものかもしれない。

もともとは、遺体をそばに置いておくと病気の原因などになるから遠ざけておかねばならないと人類が学んだあたりから、穢れの概念は始まったのではないだろうか。

仏の教えが生まれたインドでは、死はもう少しオープンに扱われる。お釈迦さまが過ごしたガンジス川流域なら、遺体は火葬し、その灰はガンジス川に流したはずだ。そして、その近くでは人間

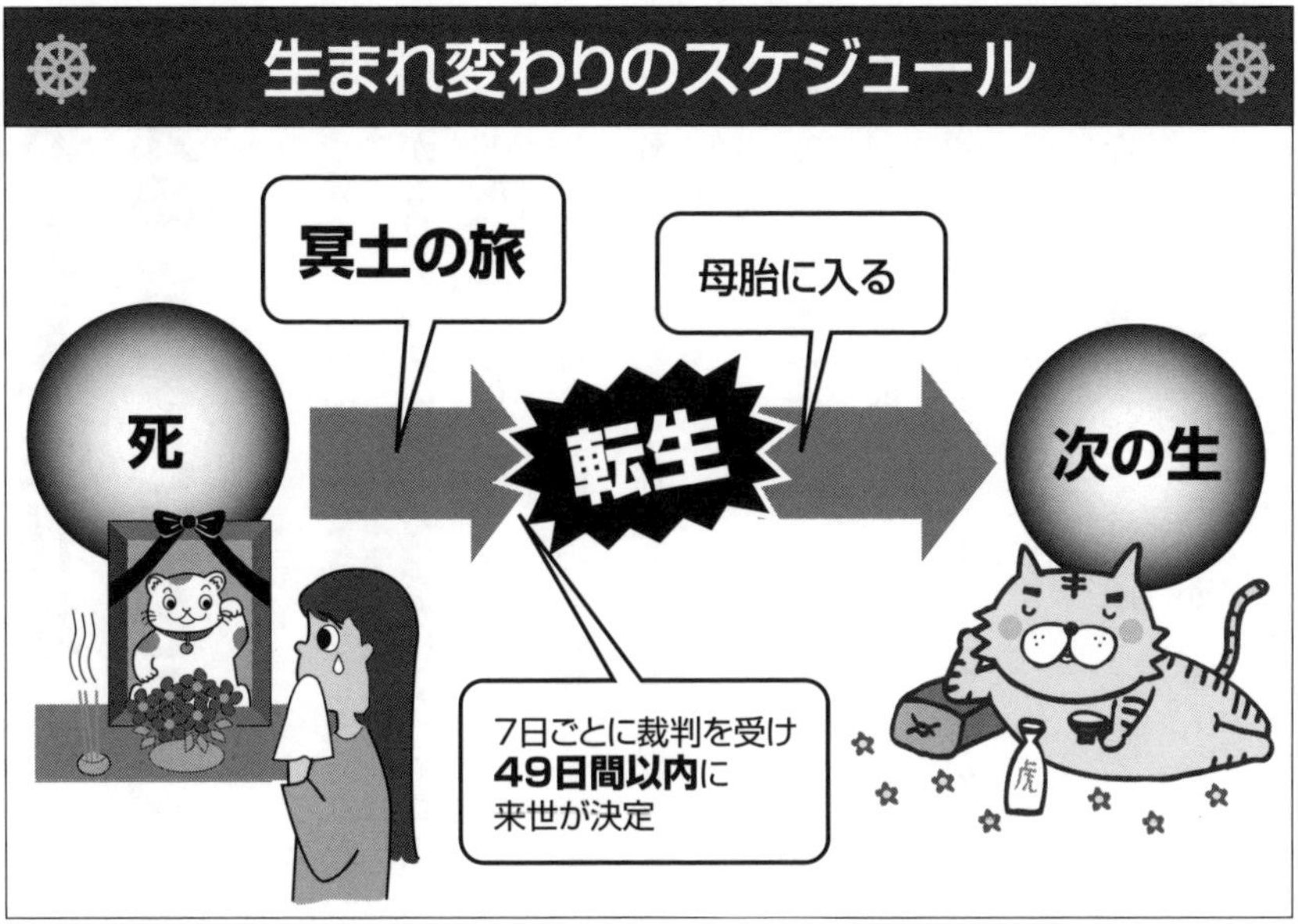
生まれ変わりのスケジュール
冥土の旅
母胎に入る
死
転生
次の生
7日ごとに裁判を受け
49日間以内に
来世が決定

が沐浴《もくよく》をしている。死は日頃からかなり近くにあると考えられる。輪廻転生の考え方が根付いているため、心が旅立った後の肉体は抜け殻《がら》にすぎないという考え方もある。

お釈迦さまも死を穢れとはとらえてはいなかった。仏教では、死は来世への旅立ち。もしかしたら今よりも苦しみの少ない世界へ行けるかもしれない、祝うべきときと言える。

いくら遠ざけていても、死は自分の思うようにはならない。親戚の死、祖父母の死、上司や両親の死、先輩たちの死、そして同年代の友人たちの死。ひしひしと自分に近づいてくる。

身近なところで死を体験するのは、自分の死について考える絶好の機会となる。いつまでも元気で生きていられるという思いは、おごりたかぶりにすぎない。そう身をもって知り、死に向かっていかに生きるかを考えるチャンスなのである。

葬式、お墓、お仏壇。ご先祖さまとはどうつきあっていけばいい？

通夜や葬式、法事にはさまざまなしきたりがあり、しかも自分の家の属する宗派によってローカル・ルールがあったりする。

しかし、概して日本人にとっての葬式・法事はのこされた遺族のために催されていると言っても過言ではない。

もちろん、故人の「成仏《じょうぶつ》」を祈ってはいるのだろうが、さまざまな儀式や、それにともなう仏教以外の考えに覆い隠されて、本当の意味が見えなくなってしまっているようだ。

亡くなってから盛大にお経を唱えても、それが「成仏」の足しになるのだろうか。本人の生前の行ないのほうが、よほどポイントが大きいのではないかと思えてならない。亡くなった瞬間、魂の旅立ちはすでに始まっており、行き先はおおかた決まっているのではないか。

また、魂は四十九日以内に閻魔《えんま》大王などの裁きを受け、次の肉体を得て生まれ変わるとされている。すると、お墓や位牌には、ご先祖さまのいったい何が入っているのだろう。

実は、お墓は仏教とはもともと関係がない。前述のように、お釈迦さまの生まれたインドでは、遺灰は川に流すなどして自然に還してしまうため、一般に墓は作らない。

お寺とお墓、そして先祖崇拝が結びついたのは中国である。仏壇の位牌も中国の習慣に由来する

葬式やお墓をどう考える?

お葬式 法要	仏教では	**生前の行ないや信心**が大切。 死んでからお経をあげても効果のほどは……
	現実的には	のこされた遺族が故人をしのび、 **気持ちの整理**をつけるため
お墓	仏教では	もともと**仏教とは関係のない**もの。 魂は49日たったら転生・成仏してしまう
	現実的には	のこされた遺族が故人をしのぶため。 また、ご先祖さまへの思慕を表わす対象
お仏壇	仏教では	阿弥陀さまなどの**仏を祀るため**のもの。 位牌は中国の風習で、仏教とは関係ない
	現実的には	のこされた遺族が故人をしのぶため。 ご先祖さまへの思慕を日々、身近に表わす場

ものだ。

つまり、葬儀もお墓も仏壇も、故人のためといいながら、実はのこされた者たちの思い入れが形になったものということになる。

だから意味がないというわけではない。故人のために何かを祈りたい気持ちはだれもがもっているし、みんなで集まって送り出してあげたい。のこされた者が気持ちを整理するためにも、順を踏んだ別れの儀式が必要なのだ。

そして、私たちにはご先祖さまを敬う気持ちというものがある。その気持ちを表わすために、お墓や位牌という対象が必要となる。

形骸化してしまった部分とそうでない部分。その世界のプロであるお坊さんたちは意外に（？）本当の意味をよくわかった上で、世間の迷信などとすり合わせて葬儀などの儀式を行なっている。気になる方は尋ねてみるといい。

ちゃんと供養しないと「浮かばれない」？ 霊はいるの？ 「たたり」は？

人が亡くなってから四十九日間を「中陰《ちゅういん》（中有《ちゅうう》）」と呼ぶ。この間に故人の魂が旅するのが「冥土」と呼ばれる世界。どんな来世に生まれ変わるのか、あるいは浄土に迎えられるのか、裁判を受けることになっている。

裁判は七日ごとに七回行なわれ、五回目の裁判官がおなじみ閻魔大王である。最後の七回目の裁判、すなわち四十九日目に来世が決定される。重要な日のため「四十九日法要《しじゅうくにち》」は盛大に行なわれ、この日をもって故人の魂の落ち着き先が決まるため「忌明け《いみあ》」とされている。

これに例外があるのかどうかは、わからない。つまり、四十九日を過ぎても生まれ変わることができなかったり、どういう理由でか、この世に魂が居残ってしまったりする場合である。「浮かばれない」魂が「霊」となってさまよい、「たたり」を引き起こすのだろうか？

お釈迦さまは、そういったものは「あるでもない。ないでもない」という立場だっただろう。どっちでもいいのである。

テレビや映画でステレオタイプを刷り込まれてしまうせいもあり、「ある」と思うと、見たり感じたりしてしまう人は多いかもしれない。人間の感覚というのは非常にいいかげん、かつ創造性に富んだものであり、ときには集団で妙なものを見てしまったりもする。

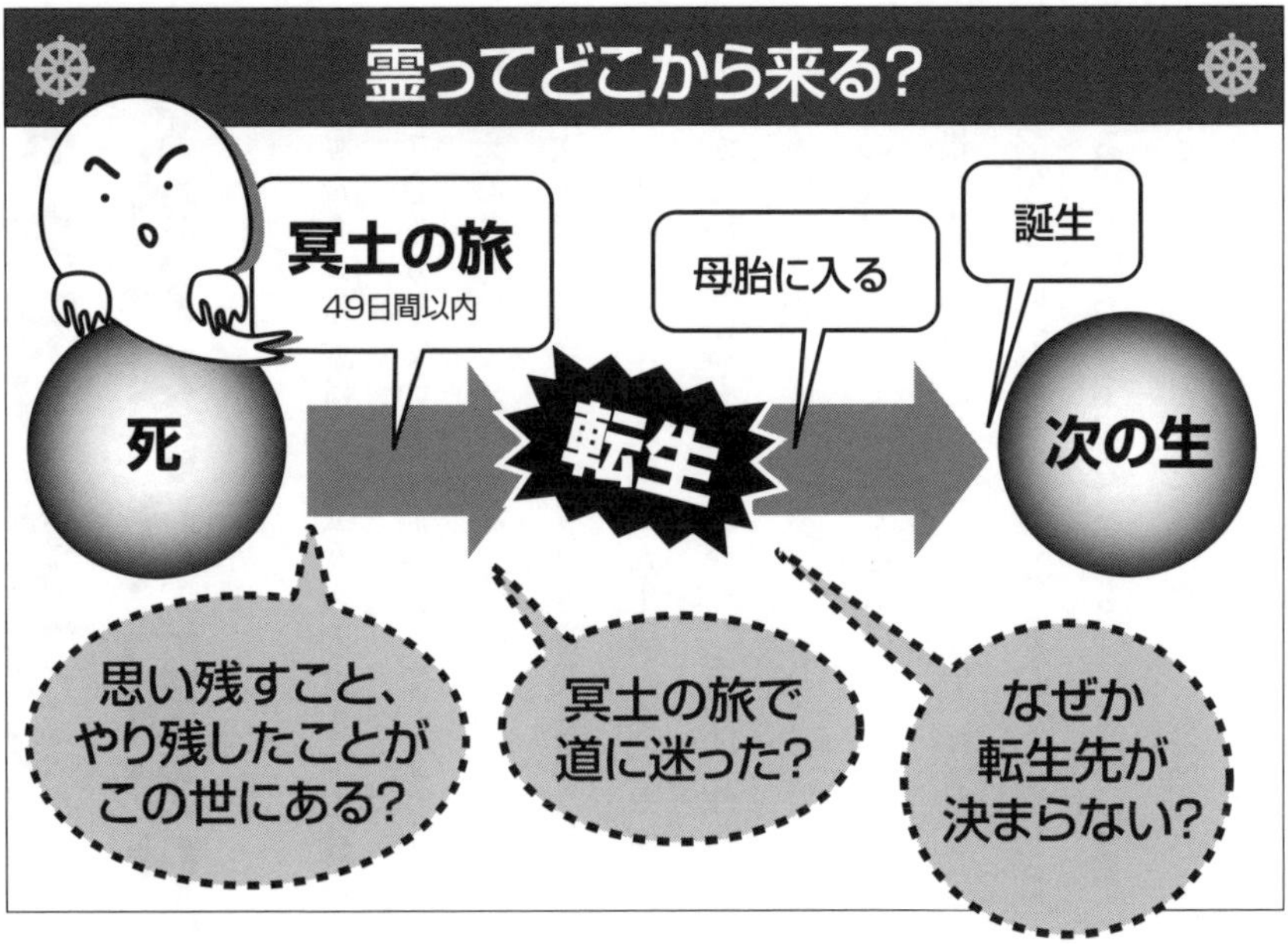
霊ってどこから来る?
冥土の旅
49日間以内
母胎に入る
誕生
死
転生
次の生
思い残すこと、やり残したことがこの世にある?
冥土の旅で道に迷った?
なぜか転生先が決まらない?

仮に何かが見えたとしても、それはあなたがポジティブに生きていくのに役立たないことが多い。だったら、見ないにこしたことはない。

　人間、自分で見てしまったものを否定するのは難しいが、いつまでもこだわらないことによって、忘れ去ることはできる。そんなものを見てしまう心の状態からは早く脱出して、現実の世界のもっと楽しいものを見よう。

　もともとあるから見えたのではなく、あなたの心が、妙なものを見てしまう状態にあったということだ。

「たたり」も同様である。たたりのせいで不幸がやって来たのではなく、おそらく、あまり幸せではない心が「たたり」の気配を勝手に感じ、そこに何か意味を見いだしてしまう。いったん感じてしまうと、それにとらわれ、逃れられなくなってしまうのだ。

お札・お守り・開運グッズ。効く効かないは、「願かけ」の本気度次第？

今の私たちの状態は、過去からのカルマの積み重ねでできあがっている。過ぎ去ってしまった過去は変えることはできないが、今の心のもちようと行動次第では、今後の成り行きを変えることはできる。仏の教えによれば、人生は「神」や何かがあらかじめ決めるものではなく、自分で作っていけるものなのだ。

自分の人生を少しでも幸せなものにするために、努力を惜しまないにこしたことはない。これまで「頑張らなくていい」とは書いてきたが、もし目標がある程度努力で実現できるもの（試験に受かる、など）なら、努力したほうがいいのは明らかだ。

努力を尽くしたとすれば、あとは運命のいたずらでハズレくじが自分に舞い込まないように「神頼み」するしかないだろう。

ところで、世の中には「霊験《れいけん》あらたかな」お札とか、「××に効く」お守り、あるいは「パワー」のこもった石やら壺《つぼ》やら印鑑やらといったものが大量にある。

お釈迦さまはどう思うだろうか。きっと何も言わず笑っているのではないかと思う。

お札やお守りといったモノ自体に「パワー」がこもっているというような考え方を、お釈迦さまはしないはずだ。だから、モノは何でもいい。

大切なのは、お守りを携えたり、お札を貼った

志こそが運を開く!
グッズ
そのものが効く
願かけが
目標や手段を考える
きっかけになる
願いが
かなった

り、魔除けの護符を掲げたりするときの心の中身である。

あなたはきっと何かを実現したくて、「願かけ」をしているに違いない。なんとなく漫然《まんぜん》とやっているとしたら、まず目標自体を考えたほうがいいだろう。

「こうなってほしい」と考えるとき、そこに到るまでのプロセスもきっとイメージするはずだ。そうすると今の自分に何が必要なのかも、おのずとわかってくる。ならば、今、何をやればいいのか、明らかになるだろう。

こうして「願をかける」ことによって、目標がはっきりし、目標を実現するための心の地ならしをすることができる。

お守りやお札は、「願かけ」することで自らの進む道を冷静に考えさせてくれるツールとして活用していこう。

仏は相手に合わせて教えを説く。あなたの仏に会いに行こう！

これまで仏、菩薩、神々などが度々登場したが、実はこれらの神仏の間には厳格な上下関係がある。上下というより、住む世界が違うと言ったほうがいいだろう。

社会人なら、目の前のだれが「格上」なのか、つい気になってしまうもの。お寺で度々目にする仏さま神さまたちの「格」を知っておこう。

まずトップは「如来」だ。「仏」「ブッダ」（目覚めた者という意味）とも呼ぶ。悟りを開いた存在である。お釈迦さまや、日本人に馴染み深い阿弥陀さま（阿弥陀如来）もこの一員だ。

如来の中の如来、最高の如来は大日如来（毘盧《びる》舎那《しゃな》如来）。宇宙全体を体現している。たとえば奈良の東大寺の大仏は毘盧舎那如来。宇宙全体であるから、なるほどデカイはずだ。

薬師如来は私たちを病の苦から救ってくれる。手のひらの上にある薬壺には、万病を癒す薬草が入っている。

お釈迦さまは、相手の知識や境遇に合わせて実に巧みに教えを説いた。これは仏の世界に一貫したポリシーである。直接教えを説いたほうがいいと判断すれば、如来が直々《じきじき》に現れるだろうし、やさしく思いやりで導いたほうがいいとなれば観音さまが手を差し伸べてくれる。ちょっと脅かさないとダメとなれば、仁王や不動といった明王《みょうおう》たちがやさしく叱ってくれるのだ。

神さま仏さまの“格”

如来

悟った存在。
もう輪廻には
戻ってこない

阿弥陀如来、お釈迦さま、
薬師如来、大日如来ほか

毘盧舎那如来

聖観音菩薩

菩薩

ほぼ悟った存在。輪廻の中にとどまり、
「みんなで悟る」を目指す

観音菩薩、文殊菩薩、弥勒菩薩、地蔵菩薩ほか

明王

仏の使者。怖がらせて
信仰のモチベーションを
アップ

不動明王、大威徳明王、愛染明王ほか

不動明王

毘沙門天

天（神）

輪廻の中の天に住む
インド出身の神々

梵天、帝釈天、毘沙門天、吉祥天、
鬼子母神、大黒天、弁財天、韋駄天ほか

祖師（人）

宗派の開祖などの高僧

最澄、空海、法然、親鸞、日蓮ほか

空海

菩薩の道をきわめれば、いつかはこんなきらびやかな姿に！

如来の手助けをするのが菩薩たちである。如来はもう苦しみに満ちた輪廻の世界には戻ってこないが、菩薩たちは「利他」の誓いをたて、私たちすべてを悟りへと導こうとしている。私たちもまた菩薩であり、その大先輩にあたるのが、観音さまや弥勒さまといったスーパー菩薩たちである。

もっとも身近なのは、「思いやり」で私たちを導いてくれる観音さま（観音菩薩、観世音《かんぜおん》菩薩、観自在《かんじざい》菩薩）だろう。阿弥陀さまの助手である。十一面観音、千手千眼観音など、苦しんでいる私たちの姿を少しでも多く見つけ、手を差し伸べられるようなフォルムで現れる。

文殊《もんじゅ》菩薩はお釈迦さまの助手で、「智慧」で私たちを救ってくれる。

弥勒菩薩といえば広隆寺の半跏《はんか》思惟像《しゆいぞう》を思い浮かべる人が多いだろう。弥勒さまは現在、兜率天《とそつてん》という世界に住んでいる。次の人生では私たちの世界に生まれてきて、仏になることが約束されており「未来仏」とも呼ばれる。どれくらい未来かというと五十六億七千万年だそうである。「そろそろ出番かな」と立ち上がろうとしている姿で現れることが多い。

日頃なにげなく見かけるお地蔵さまも菩薩の一員だ。六人のユニットで現れるのは、天・人・修羅・餓鬼・畜生・地獄の六道をひとりずつが担当しているからだ。

やさしく導いてくれる菩薩たち

千手観音
千本の手で私たちに救いの手を差し伸べる
文殊菩薩
仏の智慧で人々を救う
普賢菩薩
お釈迦さまの使者。仏の思いやりで人々を救う
弥勒菩薩
遠い未来にこの世に生まれる「未来仏」
地蔵菩薩
天・人・修羅・餓鬼・畜生・地獄の六道をひとりずつが担当
馬頭観音
頭に馬の顔。**例外的に怖い顔**の菩薩

インド出身の神さまたち。一人ひとりに役割分担がある

如来は悠然《ゆうぜん》と構え、菩薩はやさしく導いてくれる。次の明王は見るからにおっかない。ちょっと脅かさないとわからない私たちに対し如来が遣わす使者。ここぞというときには、しっかり叱ってくれる父親といったところか。

馴染み深いのはお不動さま（不動明王）だろう。仏の教えをおろそかにする者を縄で縛り上げ、剣を振り上げて脅かす。

そして最後に天。六道のひとつである天に住むさまざまな神さまたちだ。仏の教えをさまざまな武器で守るのが神々のミッションである。実は彼ら、彼女らはもともとインド出身の神さま。インドには数えきれないほどの神さまがいるが、その一部が仏の世界を守護神として守ってくれている。梵天《ぼんてん》は創造神ブラフマー、帝釈天《たいしゃくてん》は勇ましいインドラ神。四天王《してんのう》は東西南北を守る守護神だ。北方を守る毘沙門天《びしゃもんてん》が有名だろう。

毘沙門天の奥さんである吉祥天《きっしょうてん》は、インドの女神ラクシュミー。その母が鬼子母神《きしもじん》（インド名はハーリーティー）とされている。

七福神のひとりである大黒さま（大黒天）も実は仏教の守護神であり、インドのマハー・カーラーが仏教経由で神道にも取り入れられたものだ。

弁天さま（弁財天）はもともと弁才天と書かれていたようで、オリジナルは学問と芸術の女神サラスヴァティー。実はお金とは関係がない！

インド生まれの神々

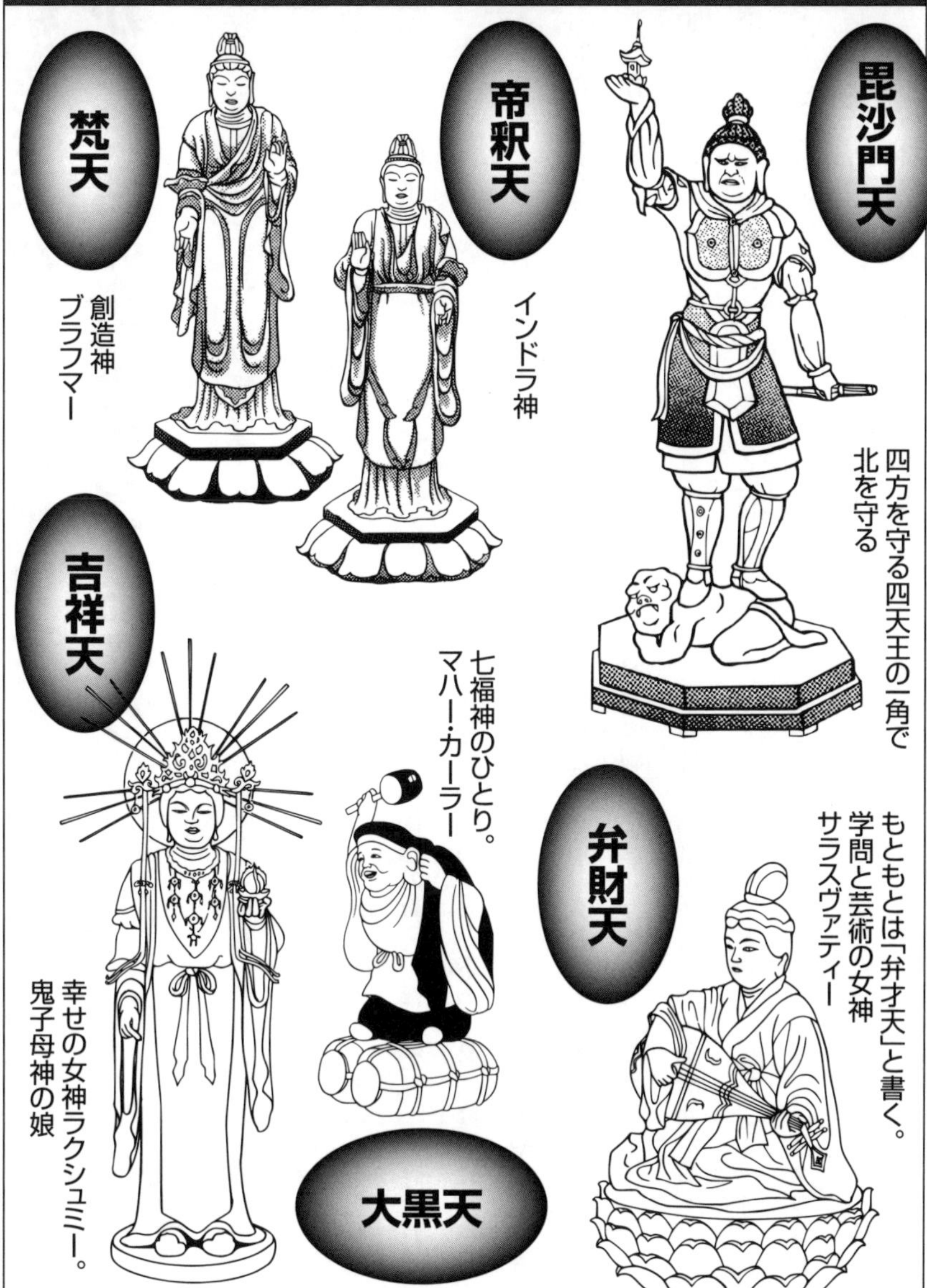
梵天
創造神
ブラフマー
帝釈天
インドラ神
毘沙門天
四方を守る四天王の一角で
北を守る
吉祥天
幸せの女神ラクシュミー。
鬼子母神の娘
七福神のひとり。
マハー・カーラー
大黒天
弁財天
もともとは「弁才天」と書く。
学問と芸術の女神
サラスヴァティー

お釈迦さまがこっそり説いた教え？　だから秘密のままにしておこう

私たちがこれまで見てきた仏の教えは「顕教《けんぎょう》」である。「あきらかな教え」という意味で、お釈迦さまが包み隠さず説いてくれた教えを指す。

お釈迦さまは晩年、弟子のアーナンダにこう語った。

「アーナンダよ、わたくしは内外の区別なしに教法を説示した。その際、如来の教法には教師の握りこぶしは存在しない」(早島鏡正『ゴータマ・ブッダ』の訳を参考にした)

つまり、ケチケチせずにすべての教えを伝授し尽くしたというわけだ。

しかし、文字では伝えられず、師から弟子へ口《く》伝《でん》と修行によってのみ伝えられる特別な教えがあったとも考えられる。あるいはお釈迦さまではなく大日如来など別の仏が説いた教えも、どうやって見つけたかはともかく、あるかもしれない。これらの「秘密の教え」は「密教」と呼ばれる。

実際のところ、ヒンドゥー教の隆盛《りゅうせい》に押されがちだった仏教が、インド土着の呪術や儀式、ヨガの修行などを取り入れたものが「密教」として発展していったということのようだ。

仏教は「病気が治る」「お金が儲かる」といった現世での利益を売り物にしてヒンドゥー教に打ち勝とうとした。しかし、西からはイスラム教にも攻撃され、インドで生まれた仏教はヒンドゥー教にのみ込まれて消滅してしまった。ちなみに、

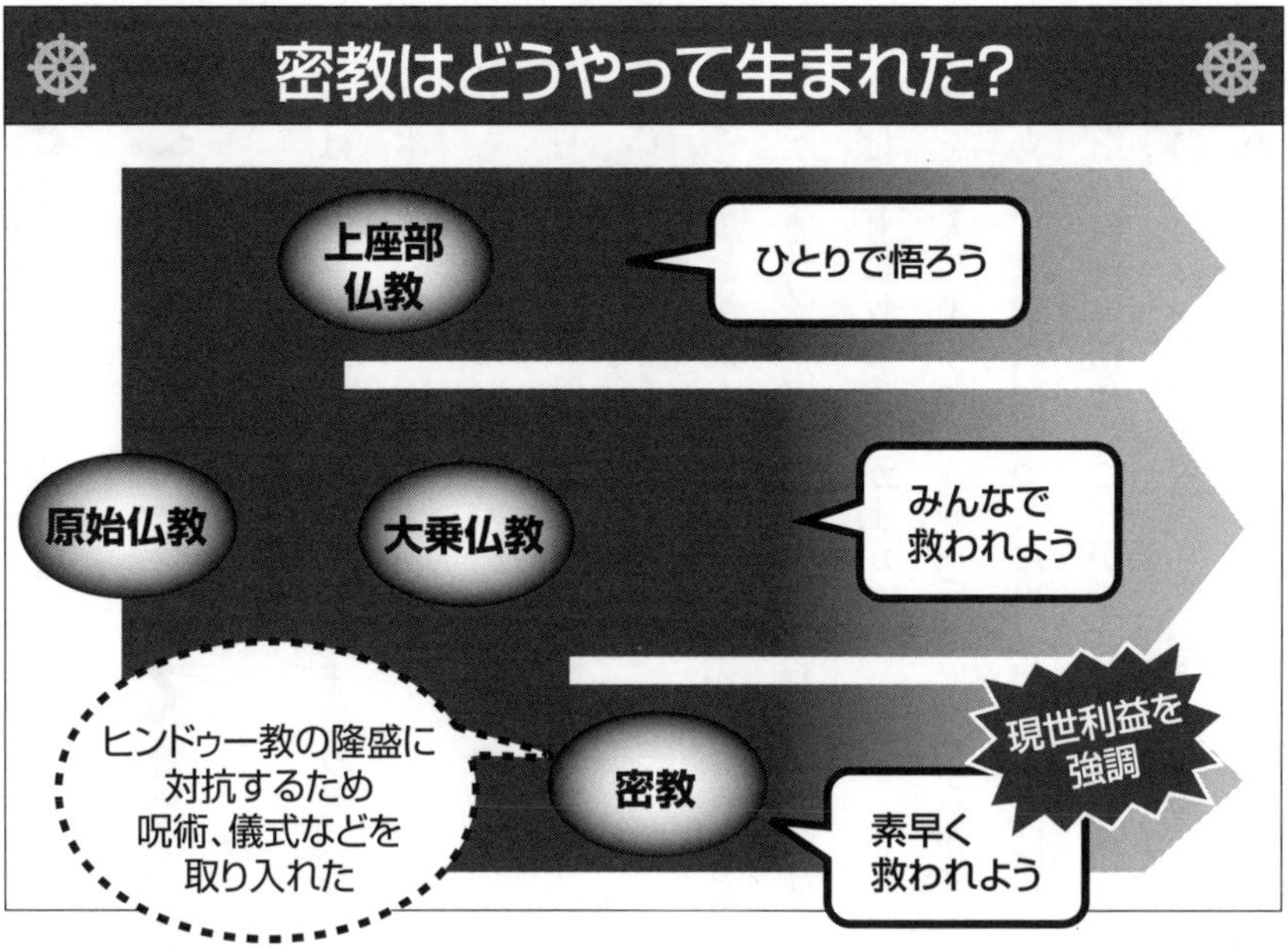
密教はどうやって生まれた?
上座部仏教
ひとりで悟ろう
原始仏教
大乗仏教
みんなで救われよう
現世利益を強調
ヒンドゥー教の隆盛に対抗するため呪術、儀式などを取り入れた
密教
素早く救われよう

ヒンドゥー教では、宇宙の維持をつかさどる神ヴィシュヌの九番目の化身がお釈迦さまだとされている。

もともとの仏教は俗世を疎《うと》んじるところがあったが、密教では呪文を唱えて願をかけたり、護摩《ごま》をたいて厄払いをしたりと、庶民の日々の生活をすすんで手助けする。日本では天台宗と真言宗が中国から伝わった密教の流れを受け継いでいる。

こうした儀式は見た目も派手で、魂をゆさぶるような感動を覚えることもある。密教は人が何に魅きつけられるのかをよく知っている。ただし、密教の修行にはハードなヨガなども含まれ、正しい師匠のもとで行なわないと、肉体的・精神的に危険な目に遭うこともあるのでご用心。

私たちは、普通は「あきらかな教え」を実践するだけで精一杯である。欲張らず、まずできることから地道にやっていくことをお勧めする。

神さま、仏さま……ところで、一緒にいても大丈夫!?

仏教はインドで生まれたお釈迦さまの教え。神道は日本古来のものである。

もともとこのふたつは何の関係もないのだが、現在の日本では、寺院と神社が同じ敷地の中で共存していることが少なくない。

そもそも朝鮮半島から日本に仏教が伝わったとき、「そんなヨソものの神さまを拝むと国が滅びる」とばかりに反対の声が上がった。

仏教を導入しようという蘇我《そが》氏と反対する物部《もののべ》氏が対立し、蘇我氏が勝ったため、聖徳太子は仏の教えを国の柱に据えることができたのだ。

平安時代には「本地垂迹説《ほんちすいじゃくせつ》」という考え方で、神と仏の折り合いをつけようとした。日本の神さまたちは、仏や菩薩（＝本地）の化身、すなわち「権現」であるとみなされた。たとえば、天照大神《あまてらすおおみかみ》は観音菩薩あるいは大日如来の権現、八幡《はちまん》さまは阿弥陀さまの権現、大国主命《おおくにぬしのみこと》は大黒天の権現なのである。

なかなかうまいやり方だ。しかし、明治時代には「神仏分離」で寺と神社を分け、仏教を排しようという動きがあった。こういった人間の右往左往を、神も仏も笑っているか、もしくは呆《あき》れているだろう。

原始仏教の時代ならともかく、日本に入ってきた仏教はすでにインドの神々を取り入れた大乗仏教であった。そこに日本古来の神さまが混じろう

信じるものは多いほどいい!?

仏教		神道
お釈迦さま	開祖	もともとあった
インド	発祥	日本
約2500年	歴史	日本民族発祥以来
主にアジア全域	信者	日本人
諸行無常、一切皆苦など	教義	特にない
如来、菩薩、明王、天など	祈りの対象	八《や》百万《およろず》の神々
葬儀、法要	担当	結婚式、お祓い、地鎮祭

と、仏教側には何の不都合もない。僧侶や神主が両方の信者だったら不思議だが、庶民が素朴な祈りを捧げるのは、どちらでもいいだろう。現に私たちはそうしている。

仏教を信じ、なおかつ土着の信仰も保ち続けているのは、なにも日本人だけではない。それぞれの場所でそれぞれの仏教の姿があっていいし、こうしたスケールの大きさがあってこそ、仏教は世界宗教として生き残ることができたのだ。

生まれるときには神道、結婚式はチャペルでキリスト教、そして死ぬときは仏教式に送られる。こうした「こだわりのなさ」は、私たちが宗教の儀式やしきたりを「虚仮《こけ》」だと正しく見ている証拠かもしれない。

日本人は、あいまいなものを認める、すぐれた「ゆるさ」を備えている。あまり一生懸命にならず、仏の教えを胸に人生を楽しんでいこう。

コラム

アレもコレも仏教語！⑥　「ありがとう」編

【挨拶（あいさつ）】……禅寺では、師匠が弟子に問いを投げかけて問答をする。師匠が問うのが「挨」（軽く触れる）、弟子が応えるのが「拶」（強く触れる）。最近は上からの目線で「今どきの若いもんは挨拶もろくにできない」と使われるが、もともとは目上から先にするものだったのである。

【ありがとう】……「有り難い」つまり、非常に貴重で尊いことを表わす。畜生や餓鬼ではなく人間に生まれてきたからこそ仏の教えを修めることができる。これを「ありがたし」と表現した『法句経』に由来するとされている。

【安心（あんじん）】……心安らかな境地。悩みや怖れから解放された心地。

【会釈（えしゃく）】……お釈迦さまは相手に合わせて教えを説いたため、互いに矛盾する言葉も残している。また、膨大《ぼうだい》な経典の中には、さまざまな説がある。これらを照らし合わせて解釈することを中国の仏教語で「和会通釈」と言い、「会釈」「会通」と略された。転じて、相手に気配りをすること。さらに意味が軽くなって、現在の「軽い挨拶」となった。

【行儀（ぎょうぎ）】……行事の儀式・作法。

【大丈夫（だいじょうぶ）】……「丈夫」はサンスクリット語の「プルシャ」（男）。「大」がつくと、偉大な人、菩薩を指す。

本書執筆にあたって、仏典の訳文については以下の文献を参考にした。

『ブッダのことば――スッタニパータ』中村元訳（岩波文庫）
『ブッダの真理のことば・感興のことば』中村元訳（岩波文庫）
『ブッダ最後の旅―大パリニッバーナ経』中村元訳（岩波文庫）
『仏弟子の告白―テーラガーター』中村元訳（岩波文庫）
『尼僧の告白―テーリーガーター』中村元訳（岩波文庫）
『ブッダ神々との対話―サンユッタ・ニカーヤⅠ』中村元訳（岩波文庫）
『ブッダ悪魔との対話―サンユッタ・ニカーヤⅡ』中村元訳（岩波文庫）
『浄土三部経（上）無量寿経』中村元・紀野一義・早島鏡正訳（岩波文庫）
『釈尊の生涯』中村元（平凡社ライブラリー）
『原始仏教―その思想と生活』中村元（NHKブックス）
『原始仏教の生活倫理』中村元（春秋社）
『ブッダ入門』中村元（春秋社）
『ゴータマ・ブッダ』早島鏡正（講談社学術文庫）
『現代語訳大乗仏典1　般若経典』中村元（東京書籍）
『日本の仏教を知る事典』奈良康明（東京書籍）
『暮らしの中の仏教語小辞典』宮坂宥勝（ちくま学芸文庫）
『佛教語大辞典』中村元（東京書籍）

長田幸康（おさだ　ゆきやす）

1965年、愛知県生まれ。早稲田大学理工学部卒業。仏教とチベット文化に造詣が深い。インドでダライ・ラマ14世に出会って仏教に目覚め、チベット寺院に住み込んで理論と実践を学ぶ。現在、日本各地に伝わる仏教説話を訪ねる聖地巡礼に励むかたわら、毎年夏には、チベットに渡航し、仏教文化を巡るツアーの現地コーディネートを担当している。著書に『ぼくのチベット・レッスン』（社会評論社）、『旅行人ノート　チベット』（旅行人）、『チベットで食べる・買う――こんなに楽しい聖地探訪』（祥伝社）、『仏教的生き方入門　チベット人に学ぶ「がんばらずに暮らす知恵」』（ソフトバンク クリエイティブ）、『天空列車――青蔵鉄道で行くチベット』（集英社インターナショナル）など。

http://www.k-word.co.jp

装丁　カメガイ デザイン オフィス
装画　小野寺美恵
本文デザイン・イラスト　田中明美
編集協力　（株）キーワード
編集　藤原将子（幻冬舎）

知識ゼロからの　仏の教え

2008年１月25日　第１刷発行

著　者　長田幸康
発行者　見城　徹

発行所　株式会社 幻冬舎
〒151-0051　東京都渋谷区千駄ヶ谷4-9-7
電話　03-5411-6211（編集）　03-5411-6222（営業）
振替　00120-8-767643
印刷・製本所　株式会社 光邦

検印廃止

ISBN978-4-344-90118-6 C2076
Printed in Japan
幻冬舎ホームページアドレス　http://www.gentosha.co.jp/
この本に関するご意見・ご感想をメールでお寄せいただく場合は、comment@gentosha.co.jpまで。